Feines Gebäck in Thüringer Art

Herausgegeben von Renate Florstedt

Fotografiert von Sigrid Schmidt

Verlag für die Frau · Leipzig

Feines Gebäck in Thüringer Art

Gudrun Dietze

Inhalt

ISBN 3-7304-0414-8

3. Auflage 1996

Backen der abgebildeten Plätzchen
und Feinbackwaren: Gudrun Dietze
Fotos: Sigrid Schmidt
Typografie und Einband: Lore Jacobi
Lektorat: Christa Winkelmann
Satz: TypoLiner GmbH Leipzig
Reproduktion, Druck und Binden:
Sebald Sachsendruck Plauen

Backland Thüringen

Grazile Sahneschwäne, fruchtige Kirschtörtchen, cremige Bismarckeiche – neben den vielen Sorten von leckeren Blechkuchen sind in der häuslichen Bäckerei Thüringens natürlich auch feine Konditoreiwaren bekannt. Dort, wo man die üppige Kaffeetafel so überaus liebt, wird selbstverständlich die Kunst des Tortenbackens beherrscht, weiß man, wie zarte Biskuitrollen und knusprige Blätterteigstücke zuzubereiten sind, kennt man besonders schmackhafte Pfannkuchen und Fastnachtskrapfen sowie eine schier unendliche Zahl köstlicher Rezepte für Weihnachtsplätzchen und Pfefferkuchen.
Dieser Band stellt feines und kleines Backwerk auf Thüringer Art vor, das in Gudrun Dietzes erstem Erfolgsbuch »Thüringer Festtagskuchen« zunächst weitgehend ausgespart blieb. Dort dominieren die großen Blechkuchen, die gewissermaßen den Grundstock für jede Festlichkeit bilden. Denn für eine richtige Kirmesfeier oder Hochzeit wartet die Thüringer Hausfrau mindestens mit 20 verschiedenen Kuchensorten auf. Dazu aber zeigt sie ebenso gern ihr Können mit zarten Cremeschnittchen oder einer großen Sahnetorte, verführt mit liebevoll garnierten Plätzchen aller Art zum Naschen und Knabbern oder schmückt die Hochzeitstafel mit einer ebenso reizend anzusehenden wie schmackhaften Dekoration: mit gebackenen Blütenkörbchen.
Wer nach einer Besonderheit dieser Rezepte sucht, wird sie bald entdecken: Es ist die Zierlichkeit des Backwerks, das mit großer Genauigkeit zubereitet und mit viel Liebe garniert wird. Gewöhnliche Windbeutel »mausern« sich dabei zu Sahneschwänen, beim »Baumstamm« muß jedes »schokoladencremige Astloch« an der richtigen Stelle sitzen, und selbst die allerwinzigsten Plätzchen erhalten noch einen Marmeladentupfer als besonderen Pfiff!
So liegt der Reiz dieser feinen und kleinen Gebäckstücke sowohl im Wohlgeschmack des aus sorgfältig abgestimmten Komponenten bestehenden Teigs als auch in den süß-säuerlichen oder cremigen Füllungen. Schokolade, Nougat, Nüsse, Schlagsahne, Buttercreme, Marmelade oder Früchte sind dafür – je nach Anlaß und Jahreszeit – geeignet. In Thüringen »ißt« eben das Auge immer mit!
Gudrun Dietze, der mit acht Jahren ihre erste Buttercremetorte gelang, hält die Tradition der Thüringer Backfrauen lebendig. Sie hat mit diesem Rezeptbuch wieder einen Teil ihres großen Erfah-

Blick auf Chursdorf bei Schleiz, Heimat der Autorin

rungsschatzes öffentlich gemacht. Alle Rezepte wurden von ihr vielmals erprobt. Einige basieren auf älteren Überlieferungen; auch sie wurden genau überprüft, weiterentwickelt und heutigen Ansprüchen angeglichen. Die Mengenangaben sind zuverlässig; die Zubereitung ist einfach und anschaulich beschrieben.
Mit zusätzlichen Tips und Ratschlägen – wichtig vor allem für die Aufbewahrung von Plätzchen und Pfefferkuchen – spart Gudrun Dietze nicht.

Wichtig ist dabei zu wissen: Bei den Rezepten für Kleingebäck können die Backzeiten je nach Herdart geringfügig abweichen. Die angegebene Anzahl von Plätzchen und Pfefferkuchen soll nur zur Orientierung dienen; wer beispielsweise lieber mit größeren Förmchen aussticht oder den Teig nicht ganz so dünn ausrollt, wird zwangsläufig etwas weniger erhalten.

Verlag und Autorin
wünschen guten Appetit!

Gebäck mit leckerer Füllung

Schillerlocken

Teig:
175 g Butter, 250 g Mehl,
½ TL Backpulver, 1 Prise Salz,
100 ml saure Sahne

Füllung:
250 ml Schlagsahne, 1 Päckchen
Vanillezucker, 1 EL Puderzucker

Zum Verfeinern:
Puderzucker

Die kalte Butter in Flöckchen schneiden und in eine Schüssel geben. Mit allen übrigen Zutaten zu einem glatten Teig verkneten. Eine Teigkugel formen, in Folie wickeln und 3 Stunden im Kühlschrank ruhen lassen. Den Teig ganz dünn ausrollen. Streifen schneiden, die ca. 2,5 cm breit und 25–30 cm lang sein sollten. Diese Teigstreifen spiralförmig auf Alu- oder Holzröllchen wickeln. Die Röllchen auf ein mit kaltem Wasser abgespültes Blech legen und backen. Etwas abkühlen lassen. Die Teigrollen vorsichtig ablösen, dabei die Formen leicht drehen. Eventuell mit dem Messer nachhelfen.
Die völlig erkalteten Teigrollen drei bis vier Stunden vor dem Verzehr mit der gesüßten Schlagsahne füllen. Dafür die Schlagsahne mit Vanillezucker und Puderzucker steif schlagen, in einen Spritzbeutel oder eine Tortenspritze geben und in die Öffnung spritzen. Zum Schluß auf alle Schillerlocken Puderzucker sieben.

Backzeit: 10–15 Minuten
Backtemperatur: 250 °C
Anzahl: ca. 15 Stück

✧ *Ein zartsplittriges und sahniges Gebäck, das einfach zur feinen Kaffeetafel gehört.*

Kirsch-Sahnetörtchen

Teig:
100 g Margarine, 100 g Butter, 1 Prise Salz, 100 g saure Sahne, 250 g Mehl,
2 gestrichene TL Backpulver

Füllung:
1 Glas Sauerkirschen, 2 gehäufte TL Speisestärke, 2 TL Zucker, 400 ml Schlagsahne, 2 Päckchen Sahnesteif,
2 Päckchen Vanillezucker

Zum Verfeinern:
1 EL rote Marmelade,
Zitronenguß aus 100 g Puderzucker,
2 TL Zitronensaft, 2 TL heißes Wasser,
Belagkirschen

Kalte Margarine und kalte Butter in kleine Stücke schneiden und in eine Schüssel geben. Salz und saure Sahne zugeben. Mehl und Backpulver darübersieben und alles rasch zu einem schnellen Blätterteig verkneten. Eine Kugel formen, kreuzweise einschneiden, in Folie wickeln und 2–3 Stunden oder über Nacht in den Kühlschrank stellen. Danach den Teig etwa 2 mm dick ausrollen und mehrmals mit der Gabel einstechen, damit sich beim Backen keine Blasen bilden. Mit einem Glas ca. 36 Plätzchen ausstechen, etwa 8 cm im Durchmesser. Auf ein mit kaltem Wasser abgespültes Blech legen und im vorgeheizten Herd bei 250 °C 10 Minuten backen. Dann noch weitere 5 Minuten bei 200 °C backen. Abkühlen lassen.
Die Hälfte aller Plätzchen dünn mit heißer Marmelade bestreichen und anschließend mit Zitronenguß überziehen. Dazu den gesiebten Puderzucker mit Zitronensaft und heißem Wasser verrühren, bis er schön glänzt.
Die restlichen 18 Plätzchen füllen. Dafür die Kirschen abtropfen lassen. 150 ml Kirschsaft (eventuell mit Wasser auffüllen) mit Speisestärke und Zucker verrühren und aufkochen lassen. Den leicht abgekühlten Pudding auf die Plätzchen geben. In die Mitte des Törtchens 3–4 entsteinte Sauerkirschen legen. Die Schlagsahne mit Sahnesteif und Vanillezucker recht fest schlagen und dick auf die Törtchen spritzen. Die glasierten Plätzchen darauf legen und in deren Mitte einen Sahnetupfer und eine Belagkirsche geben.

Backzeit: insgesamt 15 Minuten
Backtemperatur: 250 °C; 200 °C
Anzahl: ca. 18 Stück

✧ *Aromatisch, splittrig und sahnig sind diese Törtchen ein Gebäck vom feinsten. Am 1. und 2. Tag schmecken sie am besten.*

Zitronencremetaschen
(Apoldaer Zitronenomelettes)

Teig:
2 Eier, 100 g Zucker, 2 EL warmes Wasser, ½ TL Backpulver, 100 g Mehl, ½ TL Zitronenschale

Füllung:
Zitronencreme aus: 200 ml Milch,
2 gehäuften EL Zucker,
½ Puddingpulver, 1 EL Zitronensaft,
1 Messerspitze geriebene Zitronenschale, 100 g Butter, 1 EL Kokosfett,
2 EL Puderzucker

Zum Verfeinern:
Puderzucker

Eier und Zucker cremig schlagen. Lauwarmes Wasser zugeben und unter-

schlagen. Das mit dem Backpulver gesiebte Mehl und die geriebene Zitronenschale unterziehen.
Ein Blech mit Backpapier auslegen, das Papier gut mit Öl einpinseln und den Teig gleichmäßig daraufstreichen. Im gut vorgeheizten Herd backen. Danach das Blech vorsichtig auf ein Holzbrett stürzen, sofort das Backpapier abziehen und aus der noch heißen Teigplatte runde Plätzchen von ca. 7–8 cm Durchmesser ausstechen. Diese Plätzchen sofort zur Hälfte umschlagen, jeweils 3 bis 4 Stück aufeinanderstapeln und mit der linken Hand leicht beschweren. Mit der rechten zügig weitere Plätzchen ausstechen. Schnell arbeiten; wird die Teigplatte kalt, bricht sie und läßt sich nicht mehr formen. Die Zitronentaschen später einzeln auf ein Kuchenbrett legen und vollständig erkalten lassen.
Für die Füllung Milch, Zucker, Puddingpulver und geriebene Zitronenschale unter ständigem Rühren aufkochen lassen. Zitronensaft unterrühren und nochmals aufkochen lassen. Den Pudding abkühlen lassen.
Die nicht zu weiche Butter mit dem zerlassenen, wieder abgekühlten Kokosfett cremig rühren. Nach und nach den Pudding unterschlagen. Mit dem Spritzbeutel (Zackentülle!) die Creme mit großen Tupfen in die Zitronentaschen spritzen. Vor dem Servieren Puderzucker auf das Gebäck sieben (Foto Seite 31).

Backzeit: 10 Minuten
Backtemperatur: 220–250 °C
Anzahl: 16–17 Stück

Magdalenchen

Teig:
80 g Margarine,
60 g Zucker, 1 Eigelb,
1 EL Rum oder Weinbrand,
175 g Mehl

Füllung:
150 g Rohmarzipan,
75 g Puderzucker,
2 EL Weinbrand

Zum Verfeinern:
3 EL Aprikosenmarmelade,
100 g Halbbitterkuvertüre oder Bitterschokolade

Alle Zutaten in eine Schüssel geben und zu einem geschmeidigen Teig verkneten. Kühl stellen. Dann dünn ausrollen und kleine runde Plätzchen (3 cm im Durchmesser) ausstechen. Backen.
Marzipan, Puderzucker und Weinbrand miteinander verkneten, dünn ausrollen und die gleiche Anzahl Plätzchen ausstechen. Die erkalteten Mürbeteigplätzchen mit Aprikosenmarmelade bestreichen und ein Marzipanplätzchen daraufsetzen. Kuvertüre oder Schokolade im Wasserbad erhitzen und die Plätzchen damit überziehen.

Backzeit: 10–12 Minuten
Backtemperatur: 190 °C
Anzahl: ca. 70 Stück

✧ *Ein feines Gebäck mit einem interessanten Innenleben!*

Blütenkörbchen

__Teig:__
125 g Butter, 125 g Zucker, 1 Prise Salz, 1 Päckchen Vanillezucker, 1 Ei, 250 g Mehl, 2–3 EL Marmelade

__zusätzlich für den Teigboden:__
1 EL Mehl, 1 Prise Backpulver

__Füllung:__
Vanillecreme aus: 200 ml Milch, ½ Puddingpulver Vanillegeschmack, 1½ EL Zucker, 75 g Butter, 25 g Kokosfett

__Zum Verfeinern:__
Zuckerguß aus: 2 EL Puderzucker und 1 TL heißem Wasser; Zuckerblümchen

Butter, Zucker, Gewürze und Ei gut verrühren. Mit dem Mehl zu einem geschmeidigen Teig verkneten.
100 g von diesem Teig wegnehmen und ihn nochmals mit 1 EL Mehl und 1 Prise Backpulver verkneten. Kurz kalt stellen. Dann dünn ausrollen und mit einem kleinen Glas Plätzchen ausstechen.
Den weichen Teig durch eine Gebäckspritze oder den Fleischwolf drücken und mit dem Teigstreifen Kränze auf die runden Plätzchen legen. In die Mitte Marmelade geben. Die Plätzchen auf ein gefettetes und mit Mehl bestäubtes Blech legen. Von dem restlichen Teig Halbkreise mit ca. 5 cm Öffnung aufs Blech spritzen – als Henkel. Backen. Nach 10 Minuten die Henkel vom Blech nehmen. Fertig backen.
Die erkalteten Henkel an den Enden gerade schneiden. Den gesiebten Puderzucker mit dem heißen Wasser zu einem dicken Brei verrühren. Damit die Henkel auf dem Teigkranz der Plätzchen befestigen.
Wenn der Guß erstarrt ist und die Henkel fest sitzen, die Blütenkörbchen mit Tupfen von Vanillecreme füllen. Dafür aus Milch, Puddingpulver und Zucker wie gewohnt einen Pudding kochen und abkühlen lassen. 75 g nicht zu weiche Butter und 25 g zerlassenes, wieder abgekühltes Kokosfett cremig schlagen. Allmählich den abgekühlten Pudding zufügen und alles zu einer feinen Creme schlagen. Kühl stellen.
Früher wurde dieses Gebäck mit verschiedenfarbiger Creme verziert. Heute kann man es auch mit Zuckerblümchen garnieren.

Backzeit: 15 Minuten
Backtemperatur: 220 °C
Anzahl: 12–15 Stück

✧ *Blütenkörbchen sind ein ganz altmodisches Gebäck, an das sich nur noch die Älteren erinnern. Früher gehörte es als Zierde auf jede Hochzeitstafel. Es sollte an die echten Körbchen erinnern, aus denen Blumenmädchen beim Kirchgang Blüten streuten. Vor allem die Backfrauen im Schleizer Oberland haben dieses Rezept erhalten. Das Gebäck kann schon vier Wochen vor dem Fest gebacken und eine Woche vor Verzehr gefüllt werden. Nach dem Backen verschlossen aufbewahren!*

Mohrenköpfe

Teig:
4 Eier, 1 Prise Salz, 75 g Zucker,
100 g Mehl, 25 g Speisestärke,
1 TL Backpulver

Füllung:
Vanillecreme aus: 250 ml Milch,
2 EL Zucker, 1 Päckchen Vanillezucker,
½ Päckchen Puddingpulver Vanillegeschmack; 100 g Butter, 25 g feste Margarine

Zum Verfeinern:
Schokoladenguß aus: 1 Päckchen Schokoladen-Fettglasur

Eiweiß mit einer Prise Salz steifschlagen. Die Hälfte des Zuckers zufügen und weiter schlagen. Das Eiweiß muß ganz fest sein. Die Eigelb mit dem restlichen Zucker ebenfalls cremig schlagen. Das steife Eiweiß zufügen. Mehl, Speisestärke und Backpulver darübersieben. Vorsichtig untereinanderheben. Das Backblech gut fetten und mit Mehl bestäuben. Den Teig in einen Spritzbeutel geben und mit großer Lochtülle halbkugelartige Häufchen auf das Blech spritzen. Die Teigmenge reicht für 40–50 halbe Mohrenköpfe; ergibt ca. 2 Bleche.
Backen. Auskühlen lassen. Die Hälfte der Mohrenköpfe mit Schokoladenglasur überziehen.
Die restlichen Halbkugeln umdrehen und bei Bedarf etwas geradeschneiden, damit sie sicher stehen. Auf diese Hälften eine leichte Vanillecreme spritzen. Dafür aus Milch, Zucker, Vanillezucker und Vanillepudding einen festen Pudding kochen. Abkühlen lassen. Die nicht zu weiche Butter und Margarine cremig schlagen und nach und nach den Pudding zugeben. Zum Schluß die Schokohälften aufsetzen.

Backzeit: 10 Minuten
Backtemperatur: 250 °C; 200 °C
Anzahl: 20–25 Stück

✧ *Ein feines Nachmittagsgebäck, das immer wieder großen Anklang findet, auch für die Festtagstafel geeignet. Es kann lange vorher gebacken und 2–3 Tage vor Verzehr gefüllt werden.*

Sahnezungen

Teig:
225 g Mehl, 30 g Zucker,
50 g Margarine, 1 Ei, 3 EL Milch,
2 TL Hirschhornsalz (15 g),
4 EL Zucker, 1 Päckchen Vanillezucker

Füllung:
400 ml Schlagsahne, 1 Päckchen Vanillezucker, 1 Päckchen Sahnesteif

Zum Verfeinern:
Puderzucker

Mehl, Zucker, Margarine und Ei in eine Schüssel geben. Das in der Milch aufgelöste Hirschhornsalz hinzufügen und alles zu einem geschmeidigen Teig verkneten. Den Teig 3 mm dick ausrollen und mit

einem kleinen Glas etwa 40 runde Plätzchen mit etwa 5 cm Durchmesser ausstechen. Auf ein Holzbrett Zucker und Vanillezucker schütten und die runden Plätzchen auf dem Zuckergemisch zu länglichen Zungen auswellen. Dabei das Nudelholz immer gut mit Mehl bestäuben, sonst kleben die Zungen an. Die Zungen mit der Zuckerseite nach oben auf ein gut gefettetes, leicht bemehltes Blech legen. Etwa 20 Minuten backen. Die Zungen sollen goldgelb bis leicht bräunlich aussehen. Während des Backens bekommen sie innen eine leichte Wölbung und werden ganz knusprig. Auskühlen lassen und bis zum Verzehr in einer Gebäckdose verstauen.
3–4 Stunden vor dem Servieren die Sahne steif schlagen, dann Vanillezucker und Sahnesteif zugeben. Mit dem Spritzbeutel und einer großen Zackentülle die Sahne als Kranz dick in eine Zunge spritzen und eine andere Zunge auflegen. Auf die fertigen Sahnezungen wird dünn Puderzucker gesiebt.

Backzeit: 20 Minuten
Backtemperatur: 190–200 °C
Anzahl: ca. 20 Stück

✧ *Die Sahne muß nicht weiter gesüßt werden, denn die Zuckerkruste macht die Zungen süß genug. Knusprig und sahnig ist dieses Gebäck eine Köstlichkeit.*

Sahne-Schwäne

Teig:
1/8 l Wasser, 1/8 l Milch,
1 Messerspitze Salz,
100 g Butter,
150 g Mehl, 4 Eier,
1 gestrichener TL Backpulver

Füllung:
1/2 l Schlagsahne,
2 Päckchen Sahnesteif,
2 Päckchen Vanillezucker

Zum Verfeinern:
Puderzucker

Wasser, Milch, Salz und Butter in einen Topf geben und zusammen aufkochen lassen. Vom Herd nehmen und das gesiebte Mehl in die Flüssigkeit schütten. Mit einem Holzlöffel gut verrühren. Wieder auf den Herd setzen und unter ständigem Rühren so lange erhitzen, bis sich die Masse vom Topfboden löst. In eine Schüssel geben und ein Ei flott unterarbeiten. Nach und nach einzeln die übrigen Eier zugeben und unterrühren. Das Backpulver über den Teig streuen und ebenfalls unterrühren.
Den Teig in einen Spritzbeutel mit großer Sternentülle geben und auf ein gut gefettetes, bemehltes Kuchenblech Teighäufchen für die Windbeutel spritzen. Mit einer dünneren Sternentülle in gleicher Anzahl Schwanenhälse (in Form der Ziffer »2«) spritzen. Die Hälse nach 15 Minuten aus dem Herd nehmen, die Windbeutel nach 20 Minuten. Von ihnen sofort und

am besten mit einer Schere etwas größere Deckelchen als sonst abschneiden. Auskühlen lassen.
Die Sahne mit Zucker und Sahnesteif schlagen und auf die Windbeutel spritzen. Die Hälse senkrecht hineinstecken. Die abgeschnittenen Deckel halbieren und die Hälften als zwei Flügel schräg in die Sahne setzen. Leicht mit Puderzucker bestäuben.

Backzeit: 20 Minuten
Backtemperatur: 200 °C
Anzahl: ca. 15 Stück

✧ *Sahneschwäne sind keine neue Erfindung, es gibt sie, solange man Windbeutel kennt. Auf der Festtagstafel sehen sie sehr attraktiv aus und sind doch nur ein Hauch zum Naschen.*

Rumtörtchen

Teig:
100 g Butter, 80 g Zucker, 1 kleines Ei, 1 EL Rum, 1 Prise Salz, 200 g Mehl

Füllung:
2 EL Aprikosenmarmelade

Zum Verfeinern:
Rumglasur aus 2 TL Aprikosenmarmelade, 2 EL Rum,
100 g Puderzucker, Geleefrüchte

Butter, Zucker und Ei glattrühren. Rum und Salz zugeben und das Mehl allmählich unterrühren. Zum Schluß alles kurz durchkneten. Den Teig kühl stellen. Dann sehr dünn ausrollen und kleine runde Plätzchen ausstechen. Auf einem gefetteten, leicht bemehlten Blech backen. Dann immer zwei Plätzchen mit Marmelade zusammensetzen und mit Rumglasur überziehen. Dafür die Aprikosenmarmelade mit dem Rum verrühren und beides unter Rühren aufkochen lassen. In eine Schüssel gießen und mit dem gesiebten Puderzucker verrühren, bis ein glatter, glänzender Guß entstanden ist. Plätzchen damit überziehen. Zur Dekoration jeweils ein Stückchen kleingewürfelte Geleefrucht geben. Sobald die Plätzchen trokken sind, in die Gebäckdose geben.

Backzeit: 15 Minuten
Backtemperatur: 180 °C
Anzahl: ca. 80–90 fertige Plätzchen

✧ *Eine frische und saftige Leckerei.*

Mokkazungen

Teig:
4 Eier, 100 g Zucker, 125 g Mehl,
2 gestrichene TL Backpulver,
50 g Speisestärke

Füllung:
Mokkacreme aus: 2 EL Kaffeepulver, 1/8 l Wasser, 1/4 l Milch, 3 leicht gehäufte EL Zucker, 1 Puddingpulver Vanillegeschmack, 1 EL Kakao, 25 g Kokosfett, 100 g Butter, 50 g Margarine, 2 EL Puderzucker

Zum Verfeinern:
Puderzucker

Eier und Zucker auf der warmen Herdplatte in 1–2 Minuten schaumig schlagen. Vom Herd nehmen und weiterschlagen, bis die Masse nicht mehr lauwarm, sondern wieder kalt ist. Dabei wird sie dick und cremig. Mehl, Backpulver und Speisestärke in zwei Etappen darüber sieben und vorsichtig unterheben. Die Masse in einen Spritzbeutel mit großer Lochtülle geben.
Auf ein gut gefettetes, bemehltes Blech Zungen nach folgender Methode spritzen: ein dicker Teigtupfer, anschließend ein ca. 4 cm langer Teigstrich, als Abschluß wieder ein dicker Teigtupfer. Da der Teig beim Backen etwas breit läuft, ergeben sich die Zungen von allein. Genügend Platz zwischen den Zungen lassen. Gebakken ergeben sie eine Größe von 5 x 11 cm. Die Menge ergibt etwa 46 Zungen. Das reicht für zwei Bleche. Die Zungen kurz vor dem Backen mit Puderzucker besieben, dann werden sie besonders rösch.
Die gebackenen Zungen auskühlen lassen und dann mit folgender Creme füllen: Kaffeepulver mit 1/8 l kochendem Wasser überbrühen, ziehen lassen, dann durch einen Filter gießen. Die Flüssigkeit mit der Milch auf 1/4 l auffüllen. Diese Flüssigkeit mit dem Zucker zum Kochen bringen. In der restlichen Milch das Puddingpulver und den Kakao anrühren, in die kochende Flüssigkeit schütten und noch einmal aufkochen lassen. Das Kokosfett unterrühren und den Mokka-Schoko-Pudding abkühlen lassen.
Die nicht zu weich gehaltene Butter und Margarine cremig schlagen. Löffelweise den Pudding zugeben und zu einer festen Mokkacreme schlagen. Mit dem Spritzbeutel diese Creme auf die Unterseite von 23 Zungen spritzen, die anderen Zungen als Deckel daraufsetzen. Dünn mit Puderzucker besieben.

Backzeit: 15 Minuten
Backtemperatur: 200 °C
Anzahl: 23 Stück

✧ *Ein zartes, cremiges Kaffeegebäck, das kühl gestellt auch nach einer Woche noch so gut schmeckt wie am ersten Tag. Deshalb sehr praktisch.*

Johannisbeertörtchen

__*Teig:*__
100 g Margarine,
100 g Zucker,
1 Ei, 250 g Mehl,
1 Päckchen Vanillezucker,
1 Prise Salz, 1/4 TL Backpulver,
1–2 EL Rum

__*Füllung:*__
Buttercreme aus: Vanillepudding
(400 ml Milch, 2 EL Zucker,
1 Puddingpulver Vanillegeschmack),
150 g Butter,
25 g Kokosfett;
250 g rote Johannisbeeren (am besten frische oder gefrostete, Konservenfrüchte sehr gut abtropfen lassen!),
3 EL Himbeermarmelade

__*Zum Verfeinern:*__
1 Eigelb, 3 EL Hagelzucker oder anderer grober Zucker, Puderzucker

Alle Zutaten in eine Schüssel geben und zu einem glatten Mürbeteig verkneten. Nicht zu dünn ausrollen und ca. 40 Plätzchen von etwa 6 cm Durchmesser ausstechen. Bei der Hälfte der Plätzchen mit einem kleineren Glas einen ca. 3,5 cm breiten Innenkreis ausstechen, so daß 20 runde Plätzchen und 20 Ringe entstanden sind. Die Ringe mit dem verquirlten Eigelb bepinseln und in groben Zucker drücken. Auf ein leicht gefettetes, bemehltes Backblech geben und ca. 6 (Ringe) bzw. 8 Minuten (Plätzchen) bei 200 °C backen. Auskühlen lassen.

Inzwischen aus Milch, Zucker und Puddingpulver einen Pudding nach Vorschrift kochen und abkühlen lassen. Die nicht zu weiche Butter mit dem zerlassenen und abgekühlten Kokosfett cremig schlagen. Den vollständig abgekühlten Pudding löffelweise unterschlagen.
Die Buttercreme in einen Spritzbeutel geben und rings einen dicken Cremerand auf die Plätzchen spritzen. In die Mitte einen kleinen Cremetupfen geben und etwas breitstreichen. Darauf die Johannisbeeren legen. Die Himbeermarmelade erhitzen und auf die Johannisbeeeren in die Mitte geben. Die Teigringe leicht mit Puderzucker bestäuben und auf den Cremerand legen.

Backzeit: 6–8 Minuten
Backtemperatur: 200 °C
Anzahl: 18–20 Stück

✧ *Fruchtig, knackig und cremig hält sich dieses Gebäck viele Tage frisch und wird immer besser.*

Knusperstücke

Marmeladenkissen

Teig:
250 g Mehl, 1 gehäufter TL Backpulver,
250 g Butter oder Margarine,
250 g trockener Magerquark

Füllung:
½ Glas Marmelade

Zum Verfeinern:
Zitronenguß aus: 75 g Puderzucker,
2 TL Zitronensaft, 3 TL heißes Wasser

Den Quark reichlich kaufen und über Nacht auf einem Sieb abtropfen lassen; erst dann wiegen. Mehl und Backpulver in eine Schüssel sieben. Die kalte Butter in Flöckchen darüber schneiden, mit dem Quark und allen anderen Zutaten verkneten. Zu einer Teigkugel formen, in Folie verpacken und über Nacht in den Kühlschrank legen. Den Teig auf einem Holzbrett ca. 4 mm dick ausrollen und Quadrate, etwa 8 x 8 cm groß, ausschneiden. Das ergibt 18–20 Stück. Die Teigstücke auf ein mit kaltem Wasser abgespültes Blech legen. Jeweils in die Mitte einen Teelöffel feste Marmelade geben. Kühl stellen! Röhre auf 250 °C vorheizen, 10 Minuten backen, dann nochmals 15–20 Minuten bei 200 °C. Die Marmeladenkissen sollen goldgelb, höchstens leicht bräunlich aussehen. Die Blätterteigkissen noch heiß mit dem dünnen Zitronenguß bestreichen. Dafür den gesiebten Puderzucker mit Zitronensaft und heißem Wasser 1 Minute rühren.

Backzeit: 25 Minuten
Backtemperatur: 250 °C, 200 °C
Anzahl: 18–20 Stück

✧ *Ein sehr schneller und feiner Blätterteig, der frisch am besten schmeckt!*

Apfeltaschen

Teig:
250 g Mehl, 1 gehäufter TL Backpulver,
250 g Butter oder Margarine,
250 g trockener Magerquark

Füllung:
2–3 Äpfel

Zum Verfeinern:
Zitronenguß aus: 75 g Puderzucker,
2 TL Zitronensaft, 3 TL heißes Wasser

Den Quark reichlich kaufen und über Nacht auf einem Sieb abtropfen lassen; erst dann wiegen. Mehl und Backpulver in eine Schüssel sieben. Die kalte Butter in Flöckchen darüber schneiden, mit dem Quark und allen anderen Zutaten verkneten. Zu einer Teigkugel formen, in Folie verpacken und über Nacht in den Kühlschrank legen. Den Teig auf einem Holzbrett ca. 2–3 mm dick ausrollen und Quadrate, etwa 8 x 8 cm groß, ausschneiden. Das ergibt 20–25 Stück. Die Blätterteigquadrate mit feingeschnittenen Apfelspalten belegen. Zucker und Zimt darüberstreuen. Zu Dreiecken zusammenklappen und die Ränder gut festdrücken. Die Teigstücke auf ein mit kaltem Wasser abgespültes Blech legen. Backen und glasieren wie Marmeladenkissen.

Backzeit: 25 Minuten
Backtemperatur: 250 °C, 200 °C
Anzahl: 20-25 Stück

✧ *Auch sehr zu empfehlen! Apfeltaschen werden möglichst frisch verzehrt. Also vormittags backen, nachmittags genießen.*

Nußrolle

Teig:
300 g Mehl, 2 gestrichene TL Backpulver, 1 Päckchen Vanillezucker, 1 Ei, 1 Eigelb, 1 EL Milch, 100 g Zucker, 125 g Margarine

Füllung:
1 Eiweiß, 4–5 EL Wasser,
200 g gemahlene Nüsse, 125 g Zucker,
4–5 Tropfen Bittermandelöl

Zum Verfeinern:
30 g Butter, 1–2 EL Puderzucker

Alle Teigzutaten zu einem geschmeidigen Mürbeteig verkneten. Zu einer etwa 30 x 40 cm großen Teigplatte ausrollen und die mit der Nußfülle bestreichen.
Dafür das Eiweiß mit dem Wasser verschlagen, die gemahlenen Nüsse und den Zucker zufügen und mit Bittermandelöl abschmecken. Die Teigplatte anschließend zusammenrollen, mit der »Nahtseite« nach unten auf ein gut gefettetes, bemehltes Brett legen. Den Teig oben längs 2 x einschneiden, damit die Rolle beim Backen nicht platzt. Im gut vorgeheizten Ofen 40–50 Minuten bei 190–200 °C schön goldbraun backen.
Die zerlassene, etwas abgekühlte Butter auf die erkaltete Rolle streichen und mit Puderzucker bestäuben.

Backzeit: 40–50 Minuten
Backtemperatur: 190–200 °C
Anzahl: 15–20 Stück

✧ *Ein tagelang haltbares, einfaches, aber sehr gutes Kaffeegebäck für Leute, die es nicht so üppig mögen. Innen saftig, außen knusprig!*

Nußkämme

Teig:
200 g Mehl, ½ TL Backpulver,
80 ml saure Sahne,
150 g Butter oder Margarine

Füllung:
100 g gemahlene Haselnüsse,
75 g Zucker, 1 Ei,
2 EL Rum oder Weinbrand

Zum Verfeinern:
1 Eigelb, 1 EL Zucker, 1 Päckchen Vanillezucker, 1 EL Puderzucker

Mehl und Backpulver in eine Schüssel sieben, saure Sahne und die in Flöckchen geschnittene, kalte Butter dazugeben und alles rasch zu einem lockeren Teig verkneten. In Folie verpackt 2 Stunden im Kühlschrank ruhen lassen.
Dann zu einer Platte von 40 x 40 cm ausrollen. 16 Quadrate schneiden. Auf diese unterhalb der Mitte je 2 TL Nußfülle geben.
Dafür Ei, Zucker, Rum gut verrühren und zuletzt die gemahlenen Nüsse zugeben. Die Teigstücke über der Füllung zuklappen und die Ränder gut andrücken. An der Längsseite je 4–5 Einschnitte bis zur Füllung machen. Mit dem verquirlten Eigelb bepinseln und mit Zucker und Vanillezucker bestreuen. Auf ein mit kaltem Wasser abgespültes Blech setzen und nochmals 15 Minuten kalt stellen. Bei 250 °C 15 Minuten backen; dann bei 180–190 °C weitere 10–15 Minuten goldbraun backen.
Vor dem Servieren mit Puderzucker bestäuben.

Backzeit: insgesamt ca. 30 Minuten
Backtemperatur: 250 °C, 180–190 °C
Anzahl: 16 Stück

✧ *Ein schneller Blätterteig für ein gutes Sonntagsgebäck, das sich einige Tage frisch und knusprig hält.*

Walnußkränze

Teig:
275 g Mehl, 1 TL Backpulver,
150 g Margarine, 100 g Zucker, 1 Ei,
1 Päckchen Vanillezucker, 1 Prise Salz

Füllung:
Buttercreme aus: ¼ l Milch, reichlich ½ Puddingpulver Vanillegeschmack,
1 gehäufter EL Zucker, 100 g Butter

Zum Verfeinern:
1 Eigelb, ½ EL Zucker, 50 g Walnüsse,
100 g Halbbitter-Kuvertüre oder Vollmilch-Kuvertüre

½ des Mehls mit Backpulver, Margarine, Zucker, Ei und den Gewürzen zu einem Teig verkneten, dann nach und nach das restliche Mehl einarbeiten. Den Teig kühl stellen. Nicht zu dünn ausrollen. Kreise von ca. 8 cm Durchmesser ausstechen, mit einem kleineren Glas von ca. 3 cm Durchmesser die Mitte der Kreise ausstechen, so daß Ringe entstehen. Even-

tuell den Teig erneut ausrollen, um insgesamt 30 Ringe zu erhalten. Die Hälfte davon mit Eigelb bepinseln, Zucker und grob gehackte Nüsse daraufstreuen und mit der Hand etwas andrücken. Alle Ringe bei 220–220 °C ca. 15–20 Minuten backen. Auskühlen lassen.
Die Kuvertüre im Wasserbad erhitzen und die Nußringe damit überziehen.
Aus Milch, Puddingpulver und Zucker nach Vorschrift einen Pudding kochen, abkühlen lassen. Die nicht zu weiche Butter cremig schlagen und den Pudding löffelweise zugeben, so daß eine feste Creme entsteht. In einen Spritzbeutel geben. Auf die Hälfte der Ringe einen Cremekranz spritzen und die Nußringe daraufsetzen.

<u>Backzeit: 15–20 Minuten</u>
<u>Backtemperatur: 200–220 °C</u>
<u>Anzahl: 15 Stück</u>

✧ *Ein beliebtes Gebäck, das auch nach einigen Tagen noch gut aussieht und hervorragend schmeckt.*

Kalter Kuchen

<u>Teig:</u>
200–225 g Mehl, 165 g Butter, 2 Eiweiß, 1 Prise Salz, 2 gestrichene EL Zucker, 4 EL Milch, 1 leicht gehäufter TL Hirschhornsalz

<u>Zum Verfeinern:</u>
1 Eigelb, 1 EL Zucker, Puderzucker

Mehl in eine Schüssel sieben. Die kalte Butter in Flöckchen darüber schneiden. Das kalte, mit Salz steif geschlagene Eiweiß dazugeben. Zucker darüberstreuen und das in der kalten Milch aufgelöste Hirschhornsalz an die Schüsselseite schütten. Alle Zutaten schnell zu einen Teig verkneten, der nicht zu fest sein sollte. Mit bemehlten Händen eine Kugel formen, in Folie wickeln und über Nacht kalt stellen (daher der Name des Gebäcks!).
Am nächsten Tag auf bemehltem Brett 3–4 mm dick ausrollen und in 5 x 8 cm große Rechtecke schneiden. Die Teigstücke mit dem verquirlten Eigelb bestreichen und mit Zucker bestreuen. Im gut vorgeheizten Backofen bei 250 °C 5 Minuten backen; dann bei 200° in 15–20 Minuten knusprig hellbraun backen. Mit Puderzucker besieben.

<u>Backzeit: 20–25 Minuten</u>
<u>Backtemperatur: 250 °C, 200 °C</u>
<u>Anzahl: 20–25 Stück</u>

✧ *Ein splittrig trockenes Knuspergebäck, das sich im zugedeckten Topf lange frisch hält. Der Kalte Kuchen war eines der Lieblingsrezepte unserer Großmütter. Heute kennen nur noch wenige das Rezept.*

Schnittchen mit und ohne Creme

Pücklerschnitten

Teig:
150 g Zucker, 3 Eier, 100 g Mehl,
50 g Speisestärke, ½ TL Backpulver,
½ TL Zitronenschale, 1 EL Kakao,
50 g Margarine

Füllung:
Himbeercreme aus: 400 ml Milch,
1 Puddingpulver Himbeergeschmack,
1 gehäufter EL Trinkpulver Himbeergeschmack,
100 g Butter, 50 g Margarine,
1 Götterspeise Himbeergeschmack

Zum Verfeinern:
3 EL Kokosraspeln, ½ EL Zucker

Zucker und Eier auf der warmen Herdplatte schaumig schlagen, vom Herd nehmen und kalt weiter schlagen, bis eine cremige Masse entstanden ist. Mehl, Speisestärke und Backpulver darübersieben und vorsichtig mit dem Schneebesen unterheben. Die zerlassene, wieder abgekühlte Margarine unterziehen. Mit geriebener Zitronenschale verfeinern. Den Teig halbieren. Die eine Hälfte mit dem ebenfalls gesiebten Kakao verrühren.
Ein Kuchenblech mit Backpapier auslegen und leicht ölen. Den hellen Teig auf die Hälfte des Blechs aufstreichen, auf die andere Hälfte den dunklen Teig. Den Backofen auf 250 °C vorheizen, das Blech hineingeben und bei 200 °C backen. Erkalten lassen. Aus dem hellen und dem dunklen Teig lange, ca. 8 cm breite Streifen schneiden.
Für die Himbeercreme Puddingpulver, Trinkpulver in einigen Löffeln Milch anrühren; die restliche Milch mit dem Zucker zum Kochen bringen und nach Vorschrift einen Himbeerpudding kochen. Die nicht zu weiche Butter und Margarine cremig schlagen. Den abgekühlten Pudding löffelweise zugeben und weiterrühren. Diese Creme auf jeweils einen dunklen Teigstreifen streichen und einen hellen Streifen daraufsetzen. Danach Seiten und Oberfläche der gefüllten Teigstreifen mit Creme überziehen. Die restliche Creme in einen Spritzbeutel geben.
Die Kokosraspeln unter ständigem Rühren in einer trockenen Pfanne mit dem Zucker leicht rösten und dann etwas abkühlen lassen. Die Raspeln neben die Cremeschnitten schütten, mit einem breiten Messer aufnehmen und an den Cremerändern leicht andrücken.
Danach die glattgestrichene Oberfläche

an den Rändern ringsum dicht an dicht mit Cremetupfern verzieren. Die Götterspeise nach Vorschrift zubereiten und kurz vor dem Gelieren in die frei gebliebene Mitte der Gebäckoberfläche geben. Sofort kalt stellen.
Das Gebäck in etwa 3 cm breite Scheiben schneiden.

Backzeit: 8–10 Minuten
Backtemperatur: 250 °C; 200 °C
Anzahl: ca. 24 Stück

✧ *Pücklerschnitten bringen Farbe auf die bunten Kuchenplatten und sind eine erfrischende Abwechslung.*

Nuß-Nougat-Schnitten

Teig:
3 Eier, 75 g Zucker, 50 g feingemahlene Haselnüsse, 50 g Margarine, 50 g Mehl, 1/4 TL Backpulver

Füllung:
Nougatcreme aus: 100 g Butter, 1 Eigelb, 200 g Nougataufstrich, 100 g Blockschokolade oder Vollmilch-Kuvertüre, 2 EL Weinbrand

Zum Verfeinern:
75 g gehackte, geröstete Haselnüsse, 1 Nougatrolle oder Nougatstange

Die Eier trennen. Eigelb mit 50 g Zucker cremig schlagen, die feingemahlenen Haselnüsse und die zerlassene, etwas abgekühlte Margarine unterziehen. Die Eiweiß mit dem restlichen Zucker steif schlagen und zur Nußmasse geben. Mehl und Backpulver darübersieben. Alles untereinanderheben.
Ein Herdblech mit gut gefettetem Backpapier auslegen und den Teig gleichmäßig aufstreichen. Backen. Den erkalteten Kuchen in lange, ca. 6 cm breite Teigstreifen schneiden.
Für die Nougatcreme die nicht zu weiche Butter schaumig schlagen. Das Eigelb unterschlagen. Nougataufstrich und Schokolade (oder Kuvertüre) im Wasserbad erwärmen und etwas abgekühlt zugeben. Kräftig rühren. Mit dem Weinbrand abschmecken. Immer drei Teigstreifen aufeinandersetzen und die Zwischenräume mit Nougatcreme füllen. Zuletzt Seiten und Oberfläche mit Creme bestreichen. Die restliche Creme in einen Spritzbeutel geben.
Die gehackten und gerösteten Haselnüsse neben das Gebäck schütten und mit einem breiten Messer an den Seiten bis zur Hälfte andrücken. An der Oberfläche ca. 3 cm breite Scheiben markieren. Auf jede Scheibe einen Cremetupfer spritzen und ein Stück festen Nougat als Verzierung schräg auflegen. Kalt stellen.

Backzeit: 15 Minuten
Backtemperatur: 220 °C
Anzahl: ca. 20 Stück

✧ *Diese Nuß-Nougat-Schnitten können schon eine Weile vor dem Fest gebacken werden. Kühl gestellt sind sie lange haltbar.*

Cremeschnitten

Teig:
200 g Butter oder Margarine,
200 g Mehl,
1 Prise Salz,
8 EL kaltes Wasser,
1 EL Essig

Füllung:
Buttercreme aus:
400 ml Milch,
1 Puddingpulver Vanillegeschmack,
1 Päckchen Vanillezucker,
2 EL Zucker,
125 g Butter,
50 g feste Margarine,
1 Messerspitze geriebene Zitronenschale

Zum Verfeinern:
1 EL Marmelade; Zuckerguß aus:
100 g Puderzucker,
2 TL Zitronensaft,
2 TL heißes Wasser oder
nur Puderzucker zum Bestäuben

Die kalte Butter oder Margarine in Flöckchen schneiden und in eine Schüssel geben. Mehl und Salz zufügen. Wasser und Essig vermischen, zufügen und aus allen Zutaten einen geschmeidigen Teig kneten. Mit bemehlten Händen eine Kugel formen. Die Kugel kreuzweise einschneiden, damit der Teig sich entspannen kann und sich beim Backen dann nicht zusammenzieht. Die Teigkugel in Folie wickeln und über Nacht kühl stellen.
Den Teig rechteckig ausrollen. Die lange Seite bis zur Hälfte einschlagen und die andere lange Seite darüberschlagen. Den nun dreilagigen Teig von der schmalen Seite her bis zur Mitte einschlagen und die andere Seite darüberschlagen. Wieder in Folie einschlagen und kalt stellen. Den Vorgang noch zweimal wiederholen. Zuletzt den Teig 2–3 mm dick ausrollen und ca. 5 x 9 cm große Rechtecke schneiden. Der Teig ergibt etwa 24–26 Stück. Die Teigstücke auf ein mit kaltem Wasser abgespültes Blech setzen und backen. Auskühlen lassen.
Für die Buttercreme aus Milch, Puddingpulver und Vanillezucker und Zucker einen Pudding kochen und abkühlen lassen. Die nicht zu weiche Butter und Margarine schaumig schlagen und den abgekühlten Pudding löffelweise darunterrühren. Zum Schluß mit der geriebenen Zitronenschale abschmecken. Die Buttercreme dick auf je ein Teigrechteck streichen und ein zweites daraufsetzen. Die oberen Teigplatten entweder dick mit Puderzucker bestäuben oder glasieren. Dafür die als Deckel gedachten Teigstücke zuerst mit heißer Marmelade und dann mit Zuckerguß überziehen, bevor sie auf die mit Creme bestrichenen Unterteile gesetzt werden.

Backzeit: 20 Minuten
Backtemperatur: 220–250 °C
Anzahl: ca. 16 Stück

✧ *Der unkomplizierte Blitzblätterteig gelingt immer! Diese Cremeschnitten gibt es, solange ich zurückdenken kann.*

Schichtenkuchen

Teig:
250 g Mehl, 190 g Butter oder Margarine,
1 Ei, 1 Eigelb, 20 g Zucker,
6 EL Milch

Füllung:
Karamelcreme aus: 75 g Zucker,
¼ l Milch, ½ Vanillepudding,
75 g Butter, 50 g Margarine

zum Verfeinern:
Puderzucker

Mehl in eine Schüssel sieben, kalte Butter in Flöckchen darüber schneiden. Ei, Eigelb, Zucker und Milch dazugeben und rasch zu einem Teig verkneten. Den Teig in Folie einschlagen und 8 Stunden im Kühlschrank ruhen lassen.
Anschließend den Teig in drei gleich große Stücke teilen, jedes zu einer Platte von ca. 30 x 40 cm ausrollen. Nochmals kühl stellen, mehrmals mit der Gabel in den Teig stechen (damit der Kuchen keine Blasen wirft!) und nacheinander jeweils 10-12 Minuten backen. Auskühlen lassen. Anschließend mit folgender Karamelcreme füllen: Den Zucker in einen Topf geben und bei gelinder Hitze unter ständigem Rühren zerlaufen lassen. 1 TL Butter zugeben und den Zucker karamelisieren lassen. Die Masse soll schön braun aussehen. In 4 EL Milch das Puddingpulver anrühren. Den Rest Milch zum karamelisierten Zucker geben, die Masse unter ständigem Rühren aufkochen lassen. Das angerührte Puddingpulver zugeben und einen Pudding kochen. Auskühlen lassen. Die nicht zu weich gehaltene Butter und Margarine cremig schlagen und den völlig abgekühlten Karamelpudding löffelweise dazugeben. Den gefüllten Kuchen dick mit Puderzucker überstäuben und kühl stellen. Wenn die Creme fest geworden ist, in beliebig große Stücke schneiden.

Backzeit: 10–12 Minuten
Backtemperatur: 220 °C
Anzahl: ca. 16 Stück (5 x 8 cm)

✧ *Ein leckeres, cremig-splitteriges Gebäck, das am 1. und 2. Tag nach dem Backen am besten schmeckt. Das Rezept stammt aus meiner Jugendzeit. Damals galt dieser Kuchen als üppiges, wertvolles Gebäck und war etwas Besonderes.*

Bismarckeiche

Teig:
3 Eier, 100 g Zucker, 75 g Mehl,
50 g Speisestärke, ½ TL Backpulver,
25 g Margarine

Füllung:
3 EL rote Marmelade zum Bestreichen
Buttercreme aus: ½ l Milch,
1 Puddingpulver Vanillegeschmack,
1 EL Speisestärke,
3 gehäufte EL Zucker,
200 g Butter, rote Kuchenfarbe,
1 EL Kakao, ½ EL Puderzucker

Als Garnitur:
20 g Bitterschokolade, ½ TL Öl,
1 EL rote Marmelade

Eier und Zucker auf warmer Herdplatte schaumig schlagen, herunternehmen und kalt weiter schlagen, bis eine cremige Masse entstanden ist. Das Mehlgemisch samt Backpulver über die Eiermasse sieben und mit dem Schneebesen vorsichtig unterheben. Die Margarine zerlassen und abgekühlt unter den Teig ziehen. Eine Eiche- oder Rehrückenform nur in der Rundung fetten und mit Pergamentpapier auslegen (Papier hält so besser!). Das Papier selbst sowie Kopf- und Fußende der Form nicht fetten, sonst geht der Biskuitteig nicht gleichmäßig auf!
Den Teig einfüllen und glattstreichen. Im gut vorgeheizten Herd backen. Mindestens 24 Stunden in der Form ruhen lassen. Mit einem Messer den Teig am Kopf- und Fußende lockern, vorsichtig samt Papier aus der Form nehmen, stürzen und das Papier abziehen. Zweimal quer durchschneiden und füllen.
Für die Füllung von der Milch einige Löffel voll wegnehmen und darin Puddingpulver und Speisestärke anrühren. Die restliche Milch mit dem Zucker zum Kochen bringen, vom Feuer nehmen, das angerührte Pudding- und Stärkepulver hinzugeben, rühren und unter Rühren mehrmals kurz aufkochen lassen. Den steifen Pudding erkalten lassen.
Die nicht zu weiche Butter und Margarine cremig schlagen und löffelweise den erkalteten Pudding zugeben. 2 bis 3 EL dieser Creme mit roter Kuchenfarbe leicht rosa färben. ⅓ der Creme mit dem Kakao dunkel färben. ⅔ bleiben hell.
Den unteren Boden der Eiche mit heller Creme bestreichen. Den mittleren Boden an der Unterseite mit roter Marmelade bestreichen und auf die Creme setzen. Auf diesen zweiten Boden dunkle Creme streichen und den dritten, schmalen Boden darauflegen. Die gesamte Eiche mit Schokocreme bestreichen. Die restliche helle Creme in einen Spritzbeutel geben und mit kleinster Sternentülle Wellenlinien längs auf die Bismarckeiche spritzen. Dafür wird der Hauptteil der Buttercreme benötigt. Bitterschokolade und Öl im Wasserbad erhitzen und in dünnen Linien auf die Eiche träufeln lassen. Kühl stellen.
Mit einem scharfen Messer auf der Eiche zwölf Stücke markieren. Auf jedes Stück eine rosa Cremerosette spritzen mit je einem langen Tupfer rechts und links. In jede Cremerosette einen Spritzer rote Marmelade geben oder etwas gewürfeltes Gelee.

Backzeit: 25–30 Minuten
Backtemperatur: 180–200 °C
Anzahl: ca. 10–12 Stück

✧ *Die Bismarckeiche als traditionelles Cremetortengebäck ist seit Jahrzehnten bei allen Familienfeiern sehr beliebt. Der Teig sollte schon einige Zeit vor dem Füllen gebacken werden, dann schneidet er sich besser.*

Baumstamm

Teig:
4 Eier, 100 g Zucker, 100 g Mehl,
25 g Speisestärke, 1 TL Backpulver

Füllung:
Schoko-Weinbrand-Creme aus:
400 ml Milch, 1 Vanillepudding,
3 gehäufte EL Zucker, 175 g Butter,
50 g Margarine, 1–2 EL Kakao,
50 ml Weinbrand (4 EL)

Zum Verfeinern:
1 TL gemahlene Mandeln,
1 TL grünes Götterspeisepulver

Eier und Zucker auf der warmen Herdplatte schaumig schlagen; die Masse darf aber dabei nur lauwarm werden. Vom Herd nehmen und kalt weiterschlagen, bis alles cremig geworden ist. Mehl, Speisestärke und Backpulver in zwei Etappen darüber sieben und jeweils mit dem Schneebesen vorsichtig unterziehen. Ein Kuchenblech leicht fetten und mit ebenfalls gefettetem Backpapier auslegen. Den Teig gleichmäßig darauf streichen und backen. Noch heiß vorsichtig auf ein Kuchenbrett stürzen, das Papier abziehen, die Teigplatte von der Längsseite her aufrollen, in das Backpapier wickeln und bis zum Gebrauch beiseite stellen.
Wenn die Biskuitrolle vollständig ausgekühlt ist, mit einer Schoko-Weinbrand-Creme füllen. Dafür aus Milch, Zucker und Puddingpulver nach Vorschrift einen festen Pudding kochen (reduzierte Flüssigkeitsmenge!) und abkühlen lassen. Die nicht zu weich gehaltene Butter und Margarine schaumig schlagen. Löffelweise den völlig ausgekühlten Pudding dazu geben. Kräftig weiter schlagen. Einen Eßlöffel weiße Creme beiseite stellen. Die restliche Creme mit dem gesiebten Kakao und dem zimmerwarmen Weinbrand verrühren (Ist der Weinbrand zu kalt, flockt die Creme aus!).
Die vorsichtig wieder aufgerollte Biskuitrolle mit 2/3 der Schoko-Weinbrand-Creme füllen. Den Rest außen aufstreichen. Mit einer Gabel längs darüber fahren, so daß die Biskuitrolle außen wie ein zerfurchter Baumstamm aussieht. Die weiße Creme in einen Spritzbeutel mit kleiner Sternentülle geben und Ringe für die Astansätze aufspritzen. Grünes Götterspeisepulver mit Kokosraspeln vermischen, als »Moos« um die Astlöcher streuen.

Backzeit: 12 Minuten
Backtemperatur: 250 °C
Anzahl: 12–14 Stück

Rehrücken

Teig:
125 g Butter oder Margarine, 4 Eier,
125 g Zucker, 100 g Bitterschokolade,
75 g Mehl, 1 gehäufter EL Kakao,
1 TL Backpulver,
75 g feingemahlene Mandeln

Schokoguß:
125 g Halbbitter-Kuvertüre,
25 g Kokosfett, 2 TL Öl

Zum Verfeinern:
Aprikosenkonfitüre, 50 g Mandelstifte

Die nicht zu weiche Butter oder Margarine schaumig schlagen. Die Eier trennen und die Eigelb zufügen. Weiter schlagen. 100 g Zucker und die im Wasserbad zerlassene Bitterschokolade zufügen und alles gut verrühren. Mehl, Kakao und Backpulver darübersieben und unterheben. Die Mandeln zugeben. Die Eiweiß mit 25 g Zucker steif schlagen. Einen kleinen Teil in die Teigmasse rühren, den Rest vorsichtig unterheben.
Eine Eiche- oder Rehrückenform mit Backpapier auslegen. Den Teig einfüllen und im vorgeheizten Herd backen. Den fertigen Kuchen vorsichtig stürzen, das Papier abziehen und mit heißer Aprikosenkonfitüre bestreichen. Erkalten lassen. Kuvertüre, Hartfett und Öl im Wasserbad erhitzen und gut verrühren. Den Rehrücken mit diesem Schokoguß bestreichen. Den fertigen Kuchen mit den Mandelstiften spicken.

Backzeit: 50 Minuten
Backtemperatur: 200 °C
Anzahl: 10–12 Stück

Sahne-Schokorolle

Teig:
5 Eier, 100 g Puderzucker,
1 Prise Salz,
75 g Kakao, 25 g Speisestärke,
1 Messerspitze Backpulver

Füllung:
400 ml Schlagsahne, 2 Päckchen Sahnesteif, 2 Päckchen Vanillezucker, 2 TL Puderzucker

Zum Verfeinern:
Puderzucker

4 Eier trennen. Die vier Eigelb und das 5. Ei in eine Schüssel schlagen. Den gesiebten Puderzucker dazugeben und zu einer cremigen Masse rühren. Die mit einer Prise Salz steif geschlagenen Eiweiß zugeben. Kakao, Speisestärke und Backpulver darübersieben und vorsichtig unterheben. Ein Kuchenblech mit Backpapier auslegen; das Papier leicht fetten. Den Teig gleichmäßig aufstreichen. Im gut vorgeheizten Herd backen. Die ganz heiße Teigplatte vorsichtig auf ein Kuchenbrett stürzen, das Papier abziehen und sofort von der Längsseite her aufrollen. Erkalten lassen. Erst dann wieder aufrollen und mit der frisch geschlagenen Sahne füllen. Dafür die Sahne steif schlagen, dann Zucker, Sahnesteif und Vanillezucker unterschlagen. Die Sahne sollte sehr fest sein. Den Kuchen wieder zusammenrollen und kühl stellen. Ca. 4 cm dicke Scheiben schneiden und mit Puderzucker bestäuben.

Backzeit: 12 Minuten
Backtemperatur: 250 °C
Anzahl: 8–10 Stück

✧ *Für dieses Gebäck am besten frische Sahne verwenden; ultrahocherhitzte Sahne (H-Sahne) wird meist nicht ganz so fest.*

Torten

Gefüllte Kokostorte

Teig:
75 g Margarine,
75 g Zucker, 1 Ei,
½ Backpulver, 200 g Mehl,
5 EL Milch

Belag:
100 g Butter,
100 g Kokosraspeln,
100 g Zucker,
1 Päckchen Vanillezucker,
2 EL Milch, 1 Ei

Füllung:
Buttercreme aus: 300 ml Milch,
2 gehäufte EL Zucker, ¾ Päckchen
Puddingpulver Mandelgeschmack,
1 große Prise Salz, 150 g Margarine

Zum Verfeinern:
Puderzucker

Die Margarine sahnig rühren, Zucker und Ei dazugeben und alles schön cremig schlagen. Das mit dem Backpulver gesiebte Mehl und die Milch zufügen, so daß ein schöner glatter Teig entsteht. Den Teig in eine gut gefettete Springform streichen. Für die Kokosmasse die Butter zerlassen, Kokosraspeln, Zucker, Vanillezucker und Milch zugeben und alles aufkochen lassen. Vom Herd nehmen und leicht abkühlen lassen, dann das Ei unterrühren. Diese Kokosmasse auf den Teig geben. Backen, 30–40 Minuten bei 220 °C, dann bei 200°, bis die Kokosmasse schön braun und kroß ist.
Die Torte 2–3 Tage ruhen lassen! Erst dann einmal quer durchschneiden und füllen. Dazu aus Milch, Zucker, Puddingpulver und Salz einen Pudding nach Vorschrift kochen. Abkühlen lassen. Die nicht zu weich gehaltene Margarine cremig schlagen und löffelweise den abgekühlten Pudding zufügen. Diese Creme darf nicht zu süß sein, deshalb die Prise Salz nicht vergessen. Das macht sie herzhaft.
Zum Schluß die Torte mit Puderzucker bestäuben.

Backzeit: ca. 45 Minuten
Backtemperatur: 220 °C, 200 °C
Anzahl: 16 Stück

✧ *Diese bißfeste, knusprig saftige Torte findet überall Zuspruch. Nach dem Rezept wird immer wieder gefragt. Ich bekam es vor langer Zeit von einer Bäckersfrau aus Erfurt.*

Gedeckte Apfeltorte

Teig:
300 g Mehl, 1/2 Päckchen Backpulver,
1 Ei, 100 g Zucker, 125 g Margarine,
2 EL Milch, 1 Prise Salz,
1 Päckchen Vanillezucker

Füllung:
1 1/2 kg Äpfel, 50 g Zucker,
1 EL Zitronensaft,
25 g zerlassene Butter,
1 Messerspitze Zimt, 50 g Rosinen,
2 EL Weinbrand oder Rum

Zum Verfeinern:
1 EL Aprikosenmarmelade,
100 g Puderzucker,
1–2 EL heißes Wasser

Aus allen Zutaten rasch einen Mürbeteig kneten und 30 Minuten kalt stellen. Den Teig teilen. Den größeren Teil in eine gut gefettete Springform drücken und einen Rand andrücken. 15 Minuten bei 250 °C vorbacken. Dann erst mit der Apfelfülle belegen.
Dafür die geschälten Äpfel in nicht zu feine Spalten schneiden, in einen Topf geben, mit Zucker, Zimt, Zitronensaft, zerlassener Butter sowie den in Rum eingeweichten Rosinen vermischen und im eigenen Saft einige Minuten bei gelinder Hitze dämpfen.
Den Mürbeteigrest zu einem runden Deckel ausrollen und über die Apfelfülle legen.
Den Kuchen bei 200 °C weitere 35–45 Minuten backen. Noch heiß ganz dünn mit der erhitzten Marmelade bestreichen. Aus dem gesiebten Puderzucker und dem heißem Wasser einen Zuckerguß bereiten und über die Marmelade streichen. Dazu kann man Schlagsahne reichen.

Backzeit: 15 Minuten vorbacken,
35–45 Minuten fertigbacken
Backtemperatur: 250 °C; 200 °C
Anzahl: 16 Stück

✧ *Diese Torte ist weithin bekannt. Unsere Thüringer Variante gehört aber zu den besonders schmackhaften.*

Quarktorte

Teig:
100 g Margarine, 225 g Mehl,
1 Ei, 70 g Zucker,
1 Prise Salz,
1/2 TL Backpulver

Füllung:
1/2 l Milch, 1 Puddingpulver Vanillegeschmack,
5 Eier, 200 g Zucker,
2 Päckchen Vanillezucker,
750 g Magerquark oder Magerquark mit Joghurtzusatz,
1 Pr. Salz, Saft von 1/2 Zitrone,
1 Messerspitze Zimt,
einige Tropfen Rumaroma,
165 g Butter

Zum Verfeinern:
25 g Butter, 1 EL Puderzucker

Alle Zutaten für den Mürbeteig in eine Schüssel geben und rasch, aber gründlich verkneten. Den Teig 30 Minuten kühl stellen. Dann etwas ausrollen und eine gefettete, bemehlte Springform damit auslegen. Einen Rand andrücken. Bei 250 °C 10–15 Minuten auf unterster Schiene goldgelb backen. Den Boden auskühlen lassen. Nach 1–3 Tagen den Quarkbelag einfüllen.
Dafür aus Milch und Puddingpulver nach Vorschrift einen Vanillepudding kochen und etwas abkühlen lassen. Die Eier mit Zucker und Vanillezucker nur kurz untereinanderrühren, nicht schaumig schlagen. Den Quark und alle Gewürze zufügen. Den lauwarmen Vanillepudding hinzugeben und alles gut verrühren, zuletzt die zerlassene, ebenfalls lauwarme Butter zugeben.
Die Quarktorte bei 200 °C in 40 Minuten fertig backen. Die Torte bei geöffneter Herdtür im Ofen auskühlen lassen. Erst wenn sie völlig erkaltet ist, aus der Form lösen.
Zur Verfeinerung mit Butter bepinseln. Wenn die Butter fest ist, mit Puderzucker bestäuben.

Backzeit: 10–15 Minuten vorbacken;
40 Minuten fertigbacken
Backtemperatur: 250 °C; später 200 °C

✧ *Das ist eine besonders feine Quarktorte, die auch nach Tagen noch knusprig und cremig-sahnig ist. Will man sie einmal länger auf Vorrat backen, schützt sie ein Schokoguß vor dem Austrocknen.*

Buttercremetorte

Teig:
6 Eier, 250 g Zucker, 3 EL heißes Wasser, 200 g feines Mehl, 75 g Speisestärke, 1 TL Backpulver

Füllung:
Buttercreme aus: 800 ml Milch (3,5 % Fettgehalt), 5 gehäufte EL Zucker, 2 Päckchen Puddingpulver Vanillegeschmack, 275 g Butter, 1 EL Kakao, 100 g Margarine, 1/2 Glas säuerliche rote Marmelade

Als Garnitur:
Krokant oder Raspelschokolade

Eier und Zucker in einer Schüssel auf warmer (nicht heißer) Herdplatte schaumig schlagen, dann vom Herd nehmen und kalt so lange schlagen, bis die Masse cremig dick ist. Das Wasser zufügen und weiterschlagen. Mehl, Speisestärke und Backpulver darübersieben und vorsichtig mit dem Schneebesen unterziehen. Diesen Biskuitteig in einer nicht gefetteten Springform (Durchmesser 28 cm) in den auf 250 °C vorgeheizten Backofen stellen, sofort auf 200° zurückstellen und 15 Minuten backen. Dann auf 180° zurückschalten und in 30–35 Minuten schön hellbraun backen. Die Torte sollte so hoch wie der Springformrand sein. Am besten 2–3 Tage ruhen lassen.
Aus Milch, Zucker und den beiden Puddingpulvern einen festen Pudding kochen. Nach dem Abkühlen die Puddinghaut entfernen und die Masse kurz durch-

rühren. Die nicht zu weich gehaltene Butter und Margarine schaumig schlagen und den Pudding löffelweise dazugeben. Butter und Pudding müssen unbedingt die gleiche Temperatur haben!
Den Tortenboden 2 mal quer durchschneiden und die unterste Schicht beiseite stellen. Die oberste Teigscheibe zuunterst auf eine Tortenplatte legen und ca. 1 cm hoch mit heller Buttercreme bestreichen. Die mittlere Teigscheibe mit Marmelade bestreichen, umdrehen und mit der Marmeladenseite auf die Buttercreme legen. Einen Teil der Creme mit dem gesiebten Kakao dunkel färben und ebenfalls ca. 1 cm hoch auf die mittlere Teigscheibe streichen. Die dritte, beiseite gestellte Teigscheibe mit dem eigentlichen Tortenboden nach oben auf die Kakaocreme setzen. So hat man eine ganz ebene Oberfläche zum Garnieren! Tortenoberfläche und Seiten mit heller oder dunkler Creme glatt bestreichen. Die Cremereste in einen Spritzbeutel geben und die Torte mit Cremetupfen verzieren. An den Tortenrändern in der trockenen Pfanne leicht geröstete Kokosraspeln oder auch Kuchenkrümel andrücken.

Backzeit: insgesamt 45–50 Minuten
Backtemperatur: 200 °C, 180 °C
Anzahl: 16 Stück

✧ *Diese Torte ist ein Klassiker. Ihr Geheimnis ist wahrscheinlich die lockere, leicht verträgliche Vanillecreme in Verbindung mit der säuerlichen, herzhaften Marmelade und die Schicht kräftiger Schokocreme.*

Gewürztorte

Teig:
65 g Margarine, 2 Eier (in Eigelb und Eiweiß trennen), 150 g Zucker,
30 g Kakao, ½ Tasse Milch,
abgeriebene Schale von ½ Zitrone,
1 TL Zimt, ¼ TL Nelken,
1 Päckchen Vanillezucker,
200 g Mehl, ½ Backpulver

Zum Verfeinern:
1 Glas Weinbrand,
½ Glas Aprikosenkonfitüre
Vanillecreme aus: 200 ml Milch,
½ Puddingpulver Vanillegeschmack,
1 gehäufter EL Zucker, 100 g Butter
Schokoguß aus: 1 Ei, 3 EL Zucker,
2 EL Kakao, 100 g Hartfett,
1 EL Weinbrand

Margarine, Eigelb und Zucker gut verrühren. Kakao, Milch und Gewürze zufügen. Mehl und Backpulver darübersieben und unterheben. Zuletzt die steifgeschlagenen Eiweiß unterziehen. Den Teig in eine gut gefettete Springform füllen und backen. Auskühlen lassen. Am nächsten Tag einmal quer durchschneiden.
Den unteren Teigboden mit ½ Glas Weinbrand tränken und dünn mit Aprikosenkonfitüre bestreichen. Darauf die Vanillecreme geben. Dafür aus Milch, Puddingpulver und Zucker wie gewohnt einen Pudding kochen und vollständig auskühlen lassen. Die nicht zu weiche Butter schaumig schlagen und den Pudding löffelweise dazugeben. Auf diese Creme den oberen Tortenboden legen.

Ebenfalls mit $^1/_2$ Glas Weinbrand aromatisieren. Dünn mit erhitzter Aprikosenmarmelade überstreichen. Anschließend die gesamte Torte dick mit Schokoguß überziehen.
Für diesen Guß Ei und Zucker schaumig rühren. Den Kakao dazugeben und unterrühren. Tropfenweise das erhitzte, noch flüssige, aber schon wieder leicht abgekühlte Hartfett unterrühren. Diese Masse zum Schluß mit Weinbrand abschmecken und auf die Torte geben. Die Seitenteile nicht vergessen!

Backzeit: 30–40 Minuten
Backtemperatur: 180 °C
Anzahl: 16 Stück

✧ *Eine geschmacklich ganz hervorragende Torte, die gut in die Weihnachtszeit paßt. Sie schmeckt aber auch zu anderen Jahreszeiten.*

Gretchentorte

Teig:
4 Eier, 100 g Zucker, 125 g Margarine, 150 g Mehl, 2 gestrichene TL Backpulver, 2 EL Milch, 175 g Zucker, 100 g Mandelblättchen

Füllung:
800 ml Schlagsahne,
4 Päckchen Sahnesteif,
4 Päckchen Vanillezucker,
1 Tasse gedünstete Stachelbeeren (Konserve)

Zum Verfeinern:
Puderzucker

Die Eier trennen. Eigelb, Zucker und Margarine verrühren, das mit dem Backpulver gesiebte Mehl zugeben und mit der Milch zu einem glatten Teig rühren. Den Teig in zwei gut gefettete Springformen (Durchmesser 28 cm) geben. Die Eiweiß zu Schnee schlagen und den Zucker allmählich unterschlagen, bis die Masse ganz steif ist. Diesen Eischnee auf beide Teigplatten geben und die Mandelplättchen aufstreuen. Im auf 250 °C vorgeheizten Ofen 25 Minuten backen, dann weitere 15 Minuten bei 150 °C, bis die Mandelplättchen Farbe angenommen haben. Einen Tortenboden noch warm in 16 Stücke schneiden. Dann beide erkalten lassen.
Die Sahne steif schlagen, Sahnesteif mit Vanillezucker vermischen (keinen weiteren Zucker zugeben!) und weiter schlagen. Die gut abgetropften Stachelbeeren unterziehen. Den unzerteilten Tortenboden damit füllen. Die Sahne glattstreichen und die 16 Tortenstücke auflegen. Mit Puderzucker bestäuben und auftragen.

Backzeit: 40 Minuten
Backtemperatur: 250 °C, 150 °C
Anzahl: 16 Stück

✧ *Eine ganz phantastische Torte für Geburtstagsgäste: Zart-sahnig und knusprig-rösch zugleich!*

Fruchtige Ananas-Sahnetorte

Mürbeteig:
100–125 g Mehl, 1/4 TL Backpulver, 75 g Margarine, 50 g Zucker, 1 Ei, 1 Prise Salz

Biskuitteig:
50 g Zucker, 2 Eier, 1 Messerspitze Backpulver, 75 g Mehl

Zum Verfeinern:
1 EL Aprikosenkonfitüre,

1. Füllung:
200 ml Ananassaft, 1 EL Zucker, 1 Päckchen weiße Gelatine, 3 EL Weinbrand, 400 ml Schlagsahne, 250 g (ca. 5 Scheiben) Ananas

2. Füllung:
400 ml Schlagsahne, 2 Päckchen Sahnesteif, 2 Päckchen Vanillezucker

Zum Garnieren:
16 Ananaswürfel, 2 EL Krokant oder Raspelschokolade

Mehl, Backpulver, Margarine, Zucker, Ei und Salz in eine Schüssel geben und rasch, aber gründlich zu einem Mürbeteig verkneten. Kühl stellen. Etwas ausrollen und eine gut gefettete, bemehlte Springform damit auslegen. Einen Rand andrükken. 10 Minuten bei 250 °C vorbacken. Aus dem Ofen nehmen und dünn mit Aprikosenmarmelade bestreichen. Den vorbereiteten Biskuitteig einfüllen und glattstreichen.

Dafür Zucker und Eier cremig schlagen, das mit Backpulver vermischte Mehl darübersieben und vorsichtig unterziehen. Die Torte bei 200 °C weitere 10–15 Minuten backen. Mindestens 24 Stunden in der Form ruhen lassen.
Für die erste Füllung 150 ml Ananassaft mit dem Zucker erhitzen, vom Feuer nehmen und die in 50 ml Saft eingeweichte Gelatine und den Weinbrand zufügen. Unter gelegentlichem Umrühren erkalten lassen. Sobald die Masse leicht dicklich wird, die steif geschlagene Sahne und die in kleine Würfel geschnittene Ananas unterziehen und auf die Torte streichen. Zwischenzeitlich kalt stellen.
Für die 2. Füllung Sahne, Sahnesteif und Vanillezucker ebenfalls steif schlagen und 3/4 davon auf die erste Füllung geben. Glattstreichen. Die restliche Sahne in einen Spritzbeutel geben, 16 Tupfer rings um die Torte spritzen und mit 16 Ananaswürfelchen garnieren. Die Tortenmitte mit Krokant oder Raspelschokolade bestreuen. Im Kühlschrank über Nacht fest werden lassen.

Backzeit: 10 Minuten vorbacken,
10–15 Minuten fertigbacken
Backtemperatur: 250 °C, 200 °C
Anzahl: 16 Stück

✧ *Eine vorzügliche Festtagstorte, die nicht übersüßt ist und wegen des doppelten Teigbodens tagelang knusprig bleibt. Man kann sie auch mit Aprikosen, Mandarinen, Heidelbeeren oder Pfirsichen zubereiten.*

Plätzchen

Teegebäck

Teig:
225 g Mehl,
75 g Zucker,
125 g Butter,
1 Ei, 1 Prise Backpulver,

Zum Verfeinern:
1 Eiweiß,
1 EL Zucker,
2 EL gehackte Mandeln

Alle Zutaten in eine Schüssel geben, gut durchkneten und den Teig 30 Minuten kalt stellen. Dann dünn ausrollen und Kreise von ca. 6 cm Durchmesser ausstechen. Mit einem kleineren Glas die Mitte ausstechen, so daß Ringe entstehen. Die Ringe mit verquirltem Eiweiß bestreichen, mit Zucker und gehackten Mandeln bestreuen und auf einem gefetteten Kuchenblech schön goldgelb backen.

Backzeit: 10–15 Minuten
Backtemperatur: 180 °C
Anzahl: ca. 50 Stück

✧ *Teegebäck ist ein sehr zartes Knuspergebäck, das in der verschlossenen Gebäckdose lange frisch bleibt.*

Schokolinchen

Teig:
175 g Zucker, 3 Eier,
60 g süße Mandeln,
100 g Vollmilchschokolade,
½ TL Zimt,
¼ TL Backpulver,
300 g Mehl

Zum Verfeinern:
100 g Bitterschokolade

Zucker und Eier schaumig rühren. Die mit der Schale feingemahlenen Mandeln unterrühren. Die geriebene Schokolade und den Zimt zufügen. Zum Schluß das mit dem Backpulver gesiebte Mehl zufügen und unterheben. Den nicht zu weichen Teig in einen Spritzbeutel geben und mit großer Sternentülle Plätzchen auf ein gefettetes Kuchenblech spritzen (Die Spritztülle dabei ganz senkrecht halten!). Der Teig darf dabei etwas breit laufen. Backen. Nach dem Auskühlen dünn mit im Wasserbad erhitzter Bitterschokolade bepinseln.

Backzeit: 10-15 Minuten
Backtemperatur: 180 °C
Anzahl: ca. 80 Stück

Husarenküsse oder Husarenkäppchen

Teig:
50 g Margarine, 50 g Schweinefett,
50 g Zucker, 150 g Mehl, 1 Eigelb,
1/2 Päckchen Vanillezucker

Füllung:
3 EL rote Marmelade

Alle Zutaten in eine Schüssel geben und zu einem geschmeidigen Teig verkneten. Den Teig sofort weiterverarbeiten, nicht ruhen lassen. Er reißt sonst!
Zwei dicke Rollen (Durchmesser ca. 3 cm) formen und davon Scheiben abschneiden. Die Scheiben zwischen den Händen zu kleinen, haselnußgroßen Kugeln rollen und mit dem Stiel eines Holzlöffels eine große Vertiefung eindrücken. Marmelade in den Spritzbeutel geben und reichlich in diese Öffnung spritzen. Die Plätzchen 2 Stunden kühl stellen. Backen. Die restliche Marmelade jetzt erneut in die Öffnungen spritzen, weil die mitgebackene Marmelade an Volumen verloren hat. Erst am folgenden Tag, wenn die Marmelade richtig fest geworden ist, in die Gebäckdose geben.

Backzeit: 20-25 Minuten
Backtemperatur: 200 °C
Anzahl: ca. 70 Stück

✧ *Husarenküsse sind ein fruchtig-mürbes Gebäck, das in Thüringen unter verschiedenen Namen sehr bekannt ist.*

Saure-Sahne-Ecken

Teig:
150 g Mehl, 60 g Butter,
60 g Margarine,
60 g saure Sahne

Zum Verfeinern:
1/2 Eigelb, 2 EL Hagelzucker

Das Mehl in eine Schüssel sieben. Die kalte Butter und Margarine in kleine Flöckchen schneiden und dazugeben. Alles mit der sauren Sahne verrühren und kurz durchkneten. Butterstückchen dürfen noch im Teig zu sehen sein.
Dann den Teig zu einer Kugel formen, in Folie einschlagen und 2–3 Tage im Kühlschrank ruhen lassen. Dann nicht zu dünn ausrollen. Ganz kleine Ecken ausstechen. Die Gebäckstücke dünn mit verquirltem Eigelb bepinseln und in Hagelzucker drücken. Auf einem ungefetteten Blech backen.

Backzeit: 15 Minuten
Backtemperatur: 220 °C
Anzahl: ca. 80 Stück

✧ *Ein sehr feines Blätterteiggebäck, das zu keinem Fest fehlen sollte. In der Dose aufbewahrt, bleibt es knusprig und wird nicht weich.*

Saure-Sahne-Ecken, Nougat-Zungen, Haselnußblüten, Husarenküsse

Windmühlen

Teig:
150 g Mehl, 60 g Butter,
60 g Margarine,
60 g saure Sahne

Füllung:
2 EL rote Marmelade

Zum Verfeinern:
Puderzucker

Den Teig etwas dünner ausrollen. Quadrate von 4 cm Seitenlänge schneiden. Die Diagonalen fast bis zur Mitte einschneiden. Vier der neuentstandenen Ecken zur Mitte hin umschlagen, vier bleiben, wie sie sind. In die Mitte der Windmühlen einen winzigen Tupfer rote Marmelade spritzen. Backen. Nach dem Erkalten mit Puderzucker bestäuben.

Backzeit: 15 Minuten
Backtemperatur: 220 °C
Anzahl: 60–70 Stück

✧ *Windmühlen sind als Festtagsgebäck sehr beliebt. In der Dose zerfallen sie nicht.*

Terrassen

Teig:
150 g Butter, 100 g Zucker, 1 Eigelb,
1 Messerspitze Zimt, 1 Prise Salz,
1 Messerspitze Backpulver,
300 g Mehl

Füllung:
2 EL rote Marmelade

Zum Verfeinern:
Puderzucker

Butter, Zucker und Ei mit den Gewürzen verrühren. Backpulver und den größten Teil des Mehles zufügen. Verkneten. Dann das restliche Mehl nach und nach einarbeiten. Den Teig zu einer Kugel formen, in Folie einschlagen und kühl stellen. Dann sehr dünn ausrollen. Mit Rundförmchen drei verschieden große Plätzchenformen ausstechen. Backen. Nach dem Auskühlen immer drei Plätzchen mit Marmelade zusammensetzen. Auf das kleinste Plätzchen oben noch einen Tupfer Marmelade extra spritzen. Mit Puderzucker bestäuben. Erst am folgenden Tag, wenn die Marmelade fest geworden ist, in die Gebäckdose geben.

Backzeit: 10 Minuten
Backtemperatur: 180 °C
Anzahl: ca. 60–70 zusammengesetzte Terrassen

✧ *Terrassenplätzchen müssen auf einem bunten Plätzchenteller einfach dabei sein. Ein Standardgebäck.*

Marmeladenmürbchen

Teig:
wie Terrassen

Füllung:
2 EL rote Marmelade

Zum Verfeinern:
Vollmilch-Kuvertüre

Den wie im Rezept »Terrassen« gefertigten Teig sehr dünn ausrollen. Plätzchen von ca. 4 cm Durchmesser ausstechen; bei der Hälfte von ihnen mit einem Fingerhut die Mitte ausstechen. Backen, erkalten lassen. Die Ringe mit zerlassener Kuvertüre bepinseln. Die Unterseite der Plätzchen mit roter Marmelade bestreichen und die Ringe aufsetzen.

Backzeit: 10 Minuten
Backtemperatur: 180 °C
Anzahl: ca. 60 Plätzchen und 60 Ringe, also 60 zusammengesetzte Mürbchen

Kinderkekse

Teig:
1 Ei, 100 g Puderzucker,
1 EL saure Sahne, 50 g Butter,
½ TL Natron, 1 Päckchen Vanillezucker,
1 Prise Salz, 250 g Mehl

Ei und Puderzucker gut verrühren, saure Sahne und die zerlassene abgekühlte Butter unterrühren. Natron zugeben. Vanillezucker, Salz und das gesiebte Mehl unterkneten. Den Teig dünn ausrollen. Mit einem Reibeisen ein feines Muster auf die Teigplatte drücken. Runde Plätzchen von ca. 6 cm Durchmesser ausstechen und auf einem gefetteten Kuchenblech backen, bis sie goldgelb aussehen. Auskühlen lassen und sofort in die Gebäckdose geben, damit sie knusprig bleiben.

Backzeit: 15 Minuten
Backtemperatur: 180°–190 °C
Anzahl: ca. 50 Stück

✧ *Ein sehr beliebtes, leichtes Kindergebäck!*

Rosinenhäufchen

Teig:
70 g Rosinen, 1 EL Rum,
70 g Bitterschokolade, 1 Ei,
70 g Zucker, 70 g Butter,
140 g Mehl,
1 Messerspitze Backpulver

Zum Verfeinern:
50 g Kuvertüre oder Schokolade

Die Rosinen kleinschneiden und in Rum einweichen. Die Schokolade auf einem Brettchen in nicht zu grobe Bröckchen schneiden. Beides bereit stellen.
Ei und Zucker schaumig rühren. Die weiche Butter unterrühren. Mehl mit Backpulver zugeben. Die Rosinen samt Rum und die Schokoladenbröckchen zugeben,

gut verrühren. Mit zwei Teelöffeln kleine Teighäufchen auf ein gut gefettetes, mit Mehl bestäubtes Blech setzen. Backen. Nach völligem Erkalten je zur Hälfte mit der im Wasserbad erhitzten Kuvertüre oder Schokolade bepinseln.

Backzeit: 15–20 Minuten
Backtemperatur: 180–200 °C
Anzahl: ca. 45 Stück

✧ *Das sind saftige und knackige Plätzchen, die in die Gebäckdose gehören.*

Mandelkaramellen

Teig:
25 g Butter, 100 g Zucker, 1 Päckchen Vanillezucker, 125 ml Kaffeesahne,
100 g blättrig geschnittene Mandeln,
75 g Orangeat, 50 kleine runde Oblaten (3,5 cm im Durchmesser)

Die Butter in einen Topf geben und bei mäßiger Hitze zerlassen. Zucker und Vanillezucker zufügen und unter ständigem Rühren karamelisieren, aber nicht zu dunkel werden lassen. Die Sahne zugießen und auf schwachem Feuer so lange kochen, bis der Zucker vollständig gelöst ist (2 Minuten bei ständigem Rühren). Mandeln und Orangeat zugeben und bei leichter Hitze mitkochen lassen, bis die Masse leicht gebunden ist. Etwas abkühlen lassen, dann nicht zu dick auf die Oblaten streichen. Auf ein ungefettetes Blech setzen und sofort backen.

Backzeit: 15 Minuten
Backtemperatur: 180 °C
Anzahl: ca. 50 Stück

✧ *Mandelkaramellen sind eine bißfeste, saftige Plätzchensorte, die mit zu den besten gehört. Nach ein paar Tagen sollte sie in der Gebäckdose aufbewahrt werden.*

Kokosmakrönchen

Teig:
2 Eiweiß,
120 g Puderzucker,
1 Vanillezucker,
100 g Kokosraspeln

Eiweiß sehr steif schlagen, dann den gesiebten Puderzucker und den Vanillezucker zugeben. Die Kokosraspel zufügen. Vorsichtig unterheben. Mit zwei Teelöffeln ganz kleine Häufchen auf ein gut gefettetes, mit Mehl bestäubtes Blech setzen. Abstand halten: Die Makrönchen gehen ein wenig auf! Schön goldbraun backen.

Backzeit: 15 Minuten
Backtemperatur: 180–200 °C
Anzahl: ca. 80 Stück

✧ *Leicht und kross sind die kleinen Makrönchen eine beliebte Festtagsnascherei. In der Gebäckdose aufbewahren; an der Luft werden sie zu schnell weich.*

Makronenplätzchen

Mürbeteig:
65 g Margarine, 65 g Zucker, 1 Ei,
1 EL Weinbrand, 125–150 g Mehl

Makronenmasse:
2 Eiweiß, 125 g Zucker,
125 g gemahlene Mandeln,
einige Tropfen Bittermandelöl

Füllung:
4 EL Aprikosenmarmelade

Zum Verfeinern:
Puderzucker

Aus allen Zutaten einen geschmeidigen Mürbeteig kneten. Dünn ausrollen und kleine runde Plätzchen ausstechen. Auf ein gefettetes, leicht mit Mehl bestäubtes Blech legen.
Für die Makronenmasse die Eiweiß mit Zucker und den ganz fein gemahlenen Mandeln auf der warmen Herdplatte verrühren, bis die Masse gebunden ist. In einen Spritzbeutel mit kleiner Sternentülle geben und rings um die Plätzchen einen Makronenrand spritzen. In die Mitte der Plätzchen Aprikosenmarmelade spritzen. Backen. Nach dem Backen die Plätzchenmitte mit dem Rest Aprikosenmarmelade auffüllen (verkocht beim Backen etwas!) und mit Puderzucker bestäuben.

Backzeit: 20–25 Minuten
Backtemperatur: 180 °C
Anzahl: 60–70 Stück

Nougat-Zungen

Teig:
70 g weiche Butter,
50 g Puderzucker,
1 Eigelb, 50 g süße Mandeln,
75–100 g Mehl

Füllung:
20 g Butter, 20 g Puderzucker,
50 g Bitterschokolade,
1 EL Weinbrand

Zum Verfeinern:
50 g Bitterschokolade

Butter, Puderzucker und Eigelb gut verrühren. Die mit der Schale fein gemahlenen Mandeln und das Mehl zugeben. Zwei Teigrollen formen, im Durchmesser jeweils 2,5 cm dick, etwas breit drükken und kühl stellen. Von diesen Rollen dann längliche Scheiben abschneiden. Die Scheiben nochmals kühl stellen. Backen. Erkalten lassen und füllen.
Für die Nougatcreme Butter und Puderzucker verrühren, die im Wasserbad erhitzte, zerlassene Schokolade zugeben und den Weinbrand zufügen. Mit dieser Füllung immer zwei Zungen an der Unterseite bestreichen und zusammensetzen. Fest werden lassen. Dann die Zungen zur Hälfte schräg mit der im Wasserbad zerlassenen Bitterschokolade überziehen.

Backzeit: 10-12 Minuten
Backtemperatur: 180 °C
Anzahl: ca. 50 gefüllte Zungen

Schichtoblaten mit Schokocreme

16 runde Oblaten (etwa 7 cm im Durchmesser)

Füllung:
40 g Butter, 40 g Zucker, 1 Eigelb,
40 g geriebene Schokolade,
1 TL Kakao,
1/2 Päckchen Vanillezucker

Butter, Zucker und Eigelb schön cremig rühren. Kakao und Vanillezucker zufügen und die geriebene Schokolade unterrühren. Diese Masse auf Oblaten streichen; dabei immer vier Stück übereinanderschichten. Es entstehen vier große gefüllte Oblatentorten, die – etwas beschwert – über Nacht im Kühlschrank fest werden sollen.
Am nächsten Tag in dreieckige Tortenstücke schneiden.

Anzahl: 32 kleine Ecken

Schichtoblaten mit Zitronencreme

12 rechteckige Oblaten

Füllung:
50 g Kokosfett, 50 g Puderzucker,
50 g geschälte und geriebene Mandeln,
2 TL Zitronensaft,
1 Messerspitze geriebene Zitronenschale,
2–3 Tropfen rote Kuchenfarbe

Das weiche Hartfett mit dem gesiebten Puderzucker verrühren. Die Mandeln zufügen. Zitronenschale, Zitronensaft und rote Kuchenfarbe unterrühren, so daß eine zartrosa Creme entsteht, die sich gut vom weißen Teig der Oblaten abhebt. Die Creme auf die Oblaten streichen und immer vier Stück übereinanderschichten. So entstehen drei rechteckige Stapel, die im Kühlschrank – etwas beschwert – über Nacht festwerden sollen. Am nächsten Tag die Schichtoblaten in schmale Streifen schneiden.

Anzahl: ca. 30 Streifen (1–2 cm breit)

Gabelplätzchen

Teig:
100 g kalte Butter, 50 g Zucker,
50 g Kokosraspeln, 2 Päckchen Vanillezucker, 1 kleines Ei, 125 g Mehl

Zum Verfeinern:
20 g Schokolade, 1/2 TL Öl

Butter, Zucker, Kokosraspeln, Vanillezucker, Ei und die Hälfte des Mehls ver-

Sternchen, Kokosmakrönchen, Haselnußspritzgebäck, Mandelkaramellen, Makronenplätzchen, Walnußsplitter, Katzenpfötchen, Gabelplätzchen; Mitte: Terrassenplätzchen, Windmühlen, Schichtoblaten

rühren und verkneten. Dann das restliche Mehl einarbeiten. Aus dem geschmeidigen Teig 3 Rollen formen und 1–2 Stunden kühl stellen. Von den Rollen dünne Scheiben abschneiden und ganz kleine Kugeln formen. Dabei die Finger ab und an in Mehl tauchen; der Teig klebt. Die Kugeln auf ein gut gefettetes, leicht mehliertes Blech setzen und mit den Zinken einer Gabel etwas breitdrücken. Backen. Erkalten lassen. Die Schokolade mit einigen Tropfen Öl im Wasserbad erhitzen. Mit einem Messer oder Löffelstiel eintauchen und quer zum eingedrückten Gabelmuster dünne Schokolinien ziehen.

Backzeit: 10–15 Minuten
Backtemperatur: 180–190 °C
Anzahl: ca. 100 Stück

Schaumplätzchen (Baisers)

Teig:
2 Eiweiß, 100 g Zucker,
½ TL Zitronensaft, 20 g Puderzucker,
½ TL Speisestärke, rote Kuchenfarbe

Die Eiweiß flaumig schlagen. Zucker und Zitronensaft zugeben und ganz steif schlagen. Nun die mit Puderzucker vermischte Speisestärke vorsichtig unterziehen, am besten mit einem Holzlöffel. Einen Teil der Masse mit Kuchenfarbe zart rosa färben. Die Masse in den Spritzbeutel geben (die weiße Masse zuerst) und mit großer Sternentülle Tupfer auf ein mit Backpapier ausgelegtes Blech spritzen. Das Blech vorher trotzdem leicht fetten, da hält das Backpapier besser!
Die Plätzchen 6–8 Stunden bei kleinster Hitze (ca. 100 °C) und spaltbreit geöffneter Ofentür (Holzlöffel zwischen die Tür klemmen!) mehr trocknen als backen. Nach dem Abschalten Tür schließen und nachtrocknen lassen.

Backzeit: 6–8 Stunden
Backtemperatur: 100 °C
Anzahl: 50–60 Stück

✧ *Diese Plätzchen sind ganz zart. In der Gebäckdose bleiben sie lange frisch.*

Rosetten

Teig:
65 g Butter oder Margarine,
20 g Puderzucker, 1 Prise Salz,
½ TL geriebene Zitronenschale,
½ Päckchen Vanillezucker, 75 g Mehl

Füllung:
1 EL rote Marmelade

Die sehr weiche Butter oder Margarine, Zucker und Gewürze verrühren. Nach und nach das Mehl unterkneten. Den Teig sofort in einen Spritzbeutel geben. Mit der mittleren Sternentülle kleine Teigrosetten genau senkrecht auf ein gefettetes, bemehltes Blech spritzen. In die Mitte mit der kleinsten Tülle einen Spritzer Marmelade geben. Backen.

Backzeit: 15 Minuten
Backtemperatur: 180 °C
Anzahl: ca. 50 Stück

✧ *Die Rosetten sollen nur so groß wie ein 10-Pfennig-Stück gespritzt werden. Sie halten sich in der Dose lange frisch.*

Sternchen (Papageienplätzchen)

Teig:
wie bei Rosetten

Zum Verfeinern:
1 Päckchen Vanillezucker, 1 EL Kakao, rote Kuchenfarbe

Den sehr weichen Teig dritteln. Einen Teil hell lassen. Den zweiten mit Vanillezucker und Kakao verrühren und damit dunkel färben. Einen dritten Teil mit roter Kuchenfarbe verrühren. Den hellen Teig zuerst in den Spritzbeutel nehmen und mit großer Zackentülle auf ein ungefettetes Blech in Abständen kleine Tupfer setzen. Dann den rosa Teig direkt neben die hellen Tupfer spritzen. Zuletzt den dunklen Teig so dicht neben die beiden Tupfer setzen, daß kleine Dreiecke entstehen. Über Nacht kühl stellen. Backen.

Backzeit: 15 Minuten
Backtemperatur: 180–200 °C
Anzahl: 30–40 Stück

✧ *Sternchen sind leckere Farbtupfer vor allem auch für kleine Gäste.*

Katzenpfötchen

Teig:
wie bei Rosetten

Füllung:
1 EL rote Marmelade

Zum Verfeinern:
50 g Halbbitter-Kuvertüre

Den nicht zu weichen Teig sofort in einen Spritzbeutel geben und mit großer Zackentülle dicke Teigtupfen senkrecht auf ein ungefettetes Blech setzen. Die Tülle schnell zurückziehen, so daß die Teigtupfen schmal auslaufen. Die Plätzchen über Nacht kühl stellen. Dann backen. Nach dem Auskühlen an der Unterseite mit Marmelade bestreichen und jeweils zwei Katzenpfötchen zusammensetzen. Zur Verfeinerung am schmalen Ende der Gebäckstücke mit der im Wasserbad erhitzten Kuvertüre bepinseln.

Backzeit: 15–20 Minuten
Backtemperatur: 180 °C
Anzahl: 30 Einzelplätzchen; ergibt 15 zusammengesetzte Katzenpfötchen

✧ *Ein sehr mürbes, aromatisches Gebäck, das zu den besten Plätzchensorten zählt.*

Gefüllte Haselnußblüten

Teig:
2 Eiweiß, 70 g Zucker,
70 g feingemahlene Haselnüsse,
2 TL Mehl,
½ Päckchen Vanillezucker

Füllung:
20 g Butter,
20 g Puderzucker,
50 g Bitterschokolade,
1 EL Rum

Die Eiweiß zu Schnee schlagen, dann den Zucker einrieseln lassen und weiterschlagen. Die feingemahlenen Haselnüsse in der trockenen Pfanne leicht rösten, abkühlen lassen und mit dem Mehl zur Eiweißmasse geben. Den zarten Teig in einen Spritzbeutel geben und mit großer Sternentülle auf ein sehr gut gefettetes Blech Teigtupfer setzen. Die Spritztülle dabei senkrecht halten. Backen und abkühlen lassen.
Immer zwei Plätzchen mit folgender Füllung zusammensetzen: Butter und Puderzucker verrühren, die im Wasserbad erhitzte, zerlassene, leicht abgekühlte Bitterschokolade und den Rum zugeben.

Backzeit: 10–15 Minuten
Backtemperatur: 160 °C
Anzahl: ca. 70 Stück;
das ergibt 35 gefüllte Plätzchen

✧ *Ein zartes Gebäck, kross und leicht! Muß in der Dose aufbewahrt werden!*

Ochsenaugen

Teig:
100 g Puderzucker, 100g Butter,
100 g Margarine, 350 g Mehl, 1 Ei,
1 TL Backpulver, 1 Prise Salz,
1 TL abgeriebene Zitronenschale

Füllung:
½ Glas rote Marmelade

Zum Verfeinern:
Zitronenglasur aus: 75 g Puderzucker,
25 g Kokosfett, 2 TL Zitronensaft,
2 TL heißes Wasser

Puderzucker, Butter, Margarine, Ei, Mehl und Backpulver in eine Schüssel geben und rasch zu einem Teig verkneten. Kühl stellen. Nicht zu dünn ausrollen. 30 Plätzchen von ca. 8 cm Durchmesser ausstechen, bei der Hälfte von ihnen die Mitte etwa 5 cm im Durchmesser ausstechen, so daß Teigringe entstehen. Backen. Erkalten lassen. Auf die Mitte der Plätzchen 1 TL Marmelade streichen. Aus Puderzukker, zerlassenem Kokosfett, Wasser und Zitronensaft eine Glasur rühren und die Ringe damit überziehen. Trocknen lassen. Die Ringe auf die Plätzchen setzen.

Backzeit: 15–20 Minuten (die Ringe zuerst herausnehmen)
Backtemperatur: 180–200 °C
Anzahl: 15 Stück

✧ *Oder die Plätzchen mit Aprikosenmarmelade füllen. Dann die Ringe mit Halbbitter-Kuvertüre überziehen.*

Haselnuß-Spritzgebäck

Teig:
125 g Margarine, 80 g Zucker,
1 Päckchen Vanillezucker,
1 Eigelb oder ½ Ei,
80 g feingemahlene Haselnüsse,
120 g Mehl

Zum Verfeinern:
50 g weiße Kuvertüre

Margarine, Zucker, Vanillezucker und Eigelb verrühren. Die ganz fein gemahlenen Haselnüsse zugeben (Nüsse durch ein Haarsieb pressen, sonst läßt sich der Teig schlecht spritzen!). Das Mehl unterrühren. Die Masse sofort in einen Spritzbeutel mit großer Sternentülle geben und Tupfer, Striche oder auch Kränze auf ein gefettetes, leicht bemehltes Blech spritzen (reicht für etwa 1½ Kuchenbleche!) Die Plätzchen 2 Stunden kühl stellen, dann backen. Erkaltet mit weißer Kuvertüre überziehen.

Backzeit: 10 Minuten
Backtemperatur: 200 °C
Anzahl: ca. 80 Stück

✧ *Ein leckeres Knuspergebäck, das gleich in die Gebäckdose gehört, sonst wird es weich.*

Walnußsplitter

Teig:
70 g Margarine,
70 g Honig, 2 EL Milch,
50 g grob gehackte Walnüsse,
50 g grob geschnittene Schokolade,
100 g Mehl

Zum Verfeinern:
30 g Schokolade

Margarine glatt rühren. Honig und Mehl dazugeben. Mit der Milch zu einem glatten Teig verrühren. Walnüsse und Schokolade mit dem Löffel unterziehen. Ein Blech sehr gut fetten und mit Mehl bestäuben. Mit zwei Teelöffeln kleine Teighäufchen abstechen und aufs Blech setzen. Backen und erkalten lassen. Zur Verfeinerung die Schokolade im Wasserbad erhitzen und die Walnußsplitter zur Hälfte mit Schokolade bepinseln.

Backzeit: 10–15 Minuten
Backtemperatur: 180–190 °C
Anzahl: ca. 40 Stück

✧ *Sehr gutes Gebäck, knackig und bißfest.*

Mandelpfefferkuchen

Teig:
150 g Margarine,
360 g Zucker, 3 Eier,
150 g süße Mandeln,
1 Päckchen Pfefferkuchengewürz,
2 EL Kakao,
300 g Mehl,
1 Päckchen Backpulver,
55–60 große runde Oblaten

Zum Verfeinern:
100 g Halbbitter-Kuvertüre

Die weiche Margarine mit Zucker und Eiern gut verrühren, dann alle anderen Zutaten zugeben. Die Masse gut verrühren und nicht zu dünn auf die Oblaten streichen. Nicht ganz bis zum Rand auftragen. Backen.
Nach dem Erkalten mit der Kuvertüre überziehen.

Backzeit: 20–25 Minuten
Backtemperatur: 200 °C
Anzahl: 55–60 Stück

✧ *Diese Pfefferkuchen gehören nicht in die Gebäckdose! Sie werden in wenigen Tagen weich und saftig.*

Helle Pfefferkuchen

Teig:
250 g Zucker, 3 kleine Eier, 250 g mit der Schale geriebene süße Mandeln, 50 g Zitronat und 50 g Orangeat (beides zerkleinert), 1 TL Zimt, 1/4 TL Nelken, abgeriebene Schale von einer Zitrone, 1 EL Mehl, Oblaten

Zum Verfeinern:
100 g Halbbitter-Kuvertüre oder Schokolade

Zucker und Eier eine halbe Stunde nach einer Seite rühren; geht auch mit einem elektrischen Rührgerät. Es muß eine dicke, cremige Masse entstehen. Alle übrigen Zutaten leicht unterrühren. Die Masse kleinfingerdick auf Oblaten streichen und über Nacht kalt stellen. Backen. Nach dem Erkalten mit der im Wasserbad erhitzten Kuvertüre oder Schokolade überziehen.

Backzeit: 20–30 Minuten
Backtemperatur: 150–160 °C
Anzahl: ca. 50 Stück

✧ *Das sind ganz vorzügliche Pfefferkuchen, gehören zu den besten!*

Schokopfefferkuchen

__Teig:__
100 g Honig, 75 g Zucker,
75 g Bitterschokolade,
50 g Orangeat und 50 g Zitronat
(beides nochmals zerkleinert),
100 g Haselnüsse, 1 Ei, 1 EL Rum,
1/2 Päckchen Pfefferkuchengewürz,
1 TL Zimt, 1 gestrichener TL Backpulver, 175 g Mehl,
1 Päckchen kleine runde Oblaten
(ca. 5 cm Durchmesser)

__Zum Verfeinern:__
100g Halbbitter-Kuvertüre

Honig und Zucker auf gelindem Feuer und unter ständigem Rühren erwärmen. Die zerbröckelte Schokolade darin schmelzen lassen. Vom Herd nehmen. Orangeat und Zitronat zufügen. Die gemahlenen Haselnüsse in einer trockenen Pfanne leicht anrösten und wieder erkaltet dazugeben. Ei, Rum und Gewürze zufügen. Das mit dem Backpulver gesiebte Mehl allmählich unterrühren. Diese Masse etwa 1/2 Zentimeter dick auf Oblaten streichen und auf ungefettetem Blech backen. Ergibt etwa 2 Bleche. Erkalten lassen und mit zerlassener Kuvertüre bepinseln.

Backzeit: 25–35 Minuten
Backtemperatur: 180–190 °C
Anzahl: ca. 60 Stück

✧ *Schokopfefferkuchen 2–3 Wochen vor Verzehr backen. Sie werden sehr fein, würzig und saftig.*

Altmodische Pfefferkuchen

__Teig:__
100 g Puderzucker, 1 EL Honig,
25 g Schweinefett der Margarine, 1 Ei,
1 TL Zimt, 1/4 TL Nelken,
abgeriebene Schale einer halben Zitrone,
1 TL Natron, 50 g Zucker,
5 EL Kaffeesahne,
250 g Mehl

__Zum Verfeinern:__
Zitronenglasur aus: 125 g Zucker,
1 EL Zitronensaft, 5 EL Wasser

Den gesiebten Puderzucker, Honig, Fett, Ei und Gewürze verrühren. Natron zufügen. Den Zucker in einem Töpfchen bei geringer Hitze und unter ständigem Rühren leicht karamelisieren lassen; nicht zu sehr bräunen – er schmeckt dann bitter! Mit der Kaffeesahne auffüllen und solange kochen lassen (rühren!), bis sich der Zukker in der Sahne gelöst hat. Dieses Gemisch abkühlen lassen und zur Pfefferkuchenmasse geben. Dann erst das Mehl einarbeiten. Den Teig ca. 1 cm dick ausrollen und mit einem Glas runde Pfefferkuchen ausstechen. Ergibt 2–3 Bleche. Backen.
Noch warm mit der Zitronenglasur überziehen. Dafür den Zucker mit Zitronensaft und Wasser solange auf leichtem Feuer erhitzen, bis sich eine dickflüssige Masse gebildet hat.

Backzeit: 10–15 Minuten
Backtemperatur: 200–220 °C
Anzahl: ca. 50 Stück

Honigkuchenplätzchen

Teig:
$1\frac{1}{2}$ EL Honig, 225 g Zucker,
2 Eier,
50 g Zitronat (zerkleinert),
50 g Rosinen (zerkleinert),
50 g gemahlene Mandeln,
$\frac{1}{2}$ EL Zimt, $\frac{1}{4}$ TL Nelken,
$\frac{1}{4}$ TL Kardamom,
$\frac{1}{2}$ TL Natron, 250 g Mehl

Zum Verfeinern:
150 g Halbbitter-Kuvertüre

Honig und Zucker erwärmen, etwas abkühlen lassen und die Eier unterrühren. Dann alle Gewürze und das Natron zugeben. Nach und nach das Mehl einarbeiten. Den fertigen Teig kurz ruhen lassen. Dann mit bemehlten Händen kirschgroße Kugeln formen, etwas breitdrücken und auf ein gut gefettetes, mit Mehl bestäubtes Blech legen. Der Teig läuft beim Backen etwas breit; genügend große Abstände einplanen. Backen. Nach dem Erkalten mit der im Wasserbad erhitzten Kuvertüre überziehen.

Backzeit: 15 Minuten
Backtemperatur: 180–190 °C
Anzahl: 100–120 Kugeln je nach Größe

✧ *Die Honigkuchenplätzchen sind sofort weich. Eine saftige, süße Leckerei!*

Honigherzen

Teig:
150 g Honig oder Kunsthonig,
100 g Zucker, 75 g Margarine,
1 EL Rum oder Weinbrand,
1 TL Pottasche, 1 gehäufter TL Kakao,
$\frac{1}{2}$ TL Zimt, 1 TL abgeriebene Zitronenschale, 1 gehäufter TL Pfefferkuchengewürz, 250–275 g Mehl

Zum Verfeinern:
100 g Halbbitter-Kuvertüre,
zum Garnieren 20 g weiße Kuvertüre oder weißer Zuckerguß, Schokostreusel

Honig, Zucker und Margarine zerlassen. Die in Rum oder Weinbrand gelöste Pottasche zu der lauwarmen Masse geben. Rühren. Alle Gewürze zufügen und allmählich das Mehl unterkneten. Den Teig im warmen Zimmer 1–2 Stunden ruhen lassen. Dann nicht zu dünn ausrollen. Herzen ausstechen und auf ein gut gefettetes und mit Mehl bestäubtes Blech nicht zu dicht aneinandersetzen. Ergibt ca. 2 Bleche. Backen. Nach dem Erkalten mit der im Wasserbad erhitzten Kuvertüre überziehen. Mit weißer Kuvertüre oder weißem Zuckerguß beliebig verzieren.

Backzeit: 15–20 Minuten
Backtemperatur: 180 °C
Anzahl: 50–60 Stück

✧ *Die Honigherzen sind ein phantastisches Weihnachtsgebäck; süß, saftig und weich in nur einer Woche. Deshalb nicht gleich in der Dose verstauen.*

Honigsterne

(Tante Ellys feiner Christbaumbehang)

Teig:
40 g Honig, 120 g Zucker, 1 Ei,
1 EL Zitronensaft,
1 TL abgeriebene Zitronenschale,
½ TL Zimt,
1 kleine Messerspitze Nelken,
1 TL Kakao, 1 TL Wasser,
1 gestrichener TL Natron,
200–225 g Mehl

Zum Verfeinern:
100 g Halbbitter-Kuvertüre,
Zuckerstreusel

Honig und Zucker unter Rühren etwas erwärmen, dann Ei, Gewürze und das in Wasser gelöste Natron zufügen. Zuletzt nach und nach das Mehl unterkneten. Soviel Mehl zufügen, daß sich der Teig nach dem Kühlstellen ausrollen läßt. Nicht zu dünn ausrollen und große Sterne ausstechen. Mit dem Fingerhut die Mitte der Sterne ausstechen. So lassen sich die Sterne später gut aufhängen!
Backen auf einem leicht gefetteten, mit Mehl bestäubten Blech. Erkaltet mit der aufgelösten Kuvertüre überziehen und mit bunten Zuckerstreuseln garnieren.

Backzeit: 20 Minuten
Backtemperatur: 180–190 °C
Anzahl: ca. 60 Stück

Christbaumgebäck

Teig:
125 g Butter, 175 g Zucker, 1 Ei,
1 EL Schmand (dicke Sahne),
2 EL Rum, ½ TL Hirschhornsalz,
½ TL Zimt, 375 g Mehl

Zum Verfeinern:
125 g Halbbitter-Kuvertüre,
Schokostreusel oder bunte
Zuckerstreusel

Butter, Zucker und Ei gut verrühren. Schmand und das in Rum aufgelöste Hirschhornsalz hinzugeben. Allmählich das Mehl und den Zimt unterarbeiten. Den Teig dünn ausrollen und mit verschiedenen Formen ausstechen. Ergibt ca. 4 Bleche. Goldgelb backen. Erkaltet die Plätzchen mit Schokoguß überpinseln und mit Zuckerstreuseln verzieren.

Backzeit: 10–15 Minuten
Backtemperatur: 190 °C
Anzahl: 80–100 Stück

✧ *Ein ganz altes Rezept für ewig knusprige Plätzchen. Dieser geschmeidige, gut dehnbare Teig läßt sich ganz leicht verarbeiten. Er ist ideal, wenn Kinder bei der Weihnachtsbäckerei helfen möchten.*

Leckere Weihnachtsplätzchen:
Schwalbennester, Mandelkränzchen,
Haselnußplätzchen, Honigherzen,
Honigsterne und Schokopfefferkuchen

Mandelkränzchen

Blitzblätterteig:
125 g Mehl,
125 g Butter oder Margarine,
½ Eigelb,
1 EL saure Sahne,
1 Prise Salz

Mandelmasse:
1 Eiweiß,
80 g Puderzucker,
80 g gehackte Mandeln

Mehl in eine Schüssel geben. Die sehr kalte Butter in Flöckchen schneiden und zufügen. Mit allen übrigen Zutaten schnell zu einem Teig verkneten und 1–2 Stunden kühl stellen. Nicht zu dünn ausrollen. Mit zwei verschieden großen Gläsern oder Ausstechformen Kränze ausstechen. Auf ein ungefettetes, mit Wasser abgespültes Blech setzen.
Für die Mandelmasse das Eiweiß mit Salz ganz steif schlagen. Dann den gesiebten Puderzucker und die feingehackten Mandeln zugeben. Diese Masse dick auf die Kränze streichen. Backen.

Backzeit: 10–15 Minuten
Backtemperatur: 200 °C
Anzahl: 30–35 Kränze

✧ *Ein feines, knuspriges Blättergebäck, besonders für Leute, die es nicht so süß mögen. In der Gebäckdose aufbewahrt, bleiben die Mandelkränze lange Zeit frisch und knusprig.*

Mandel-Nuß-Makronen

Teig:
ca. 70 Oblaten
(Durchmesser 5 cm)

Füllung:
5 Eiweiß,
250 g Zucker,
200 g gemahlene Haselnüsse,
100 g grob gemahlene Mandeln

Zum Verfeinern:
Bitterschokolade

Die Eiweiß nicht zu steif schlagen (die Masse bricht sonst später!) und den Zukker kurz unterrühren. 5 EL dieser Schaummasse zur Seite stellen. Den restlichen Eischnee mit Nüssen und Mandeln vermischen und auf Oblaten streichen. Dabei zur Mitte hin etwas dicker auftragen. Zum Schluß die zur Seite gestellte Schaummasse mit einem Teelöffel dünn darüber verteilen. Backen. Der Eischnee muß goldgelb sein. Erkaltet mit im Wasserbad zerlassener Schokolade überziehen.

Backzeit: 20 Minuten
Backtemperatur: 200 °C
Anzahl: ca. 70 Stück

✧ *Diese Makronen gehören zum Lieblingsgebäck in der Vorweihnachtszeit. Sie sollten zunächst offen gelagert werden, später in einem Folienbeutel. Da bleiben sie am saftigsten.*

Mandelmakronen

Teig:
60–70 Oblaten (ca. 5 cm im Durchmesser)

Füllung:
250 g Zucker,
250 g geriebene Mandeln,
5 Eiweiß

200 g Zucker mit den geriebenen Mandeln mischen und mit einem Eiweiß auf gelindem Feuer so lange rühren, bis die Masse bindet und sich vom Topf löst. Abkühlen lassen. 4 Eiweiß mit den restlichen 50 g Zucker steif schlagen und unter die lauwarme Mandelmasse ziehen. Mit einem Teelöffel Teighäufchen auf die Oblaten setzen. die Makronen auf ungefettetem Blech backen.

Backzeit: 15–20 Minuten
Backtemperatur: 150–180 °C
Anzahl: 60–70 Stück

✧ *Ein sehr gutes Gebäck sind diese echten Makronen, die alle von früher her kennen. Damit sie nicht austrocknen, werden sie am besten im Folienbeutel (Gefrierbeutel) aufbewahrt.*

Kokosmakronen

2 Eier, 100 g Margarine, 125 g Zucker,
250 g Kokosraspeln, 50 g Mehl,
1 Prise Salz, 50 g weiße Schokolade

Die Eier trennen. Die Eigelb zu der weich gerührten Margarine geben und 100 g Zucker zufügen. Verrühren. Dann die Kokosraspeln und das Mehl unterrühren. Die Eiweiß mit einer Prise Salz und restlichen 25 g Zucker steif schlagen und mit der geraspelten Schokolade unter die Kokosmasse heben. Mit zwei Teelöffeln kleine Teighäufchen auf ein gut gefettetes, mit Mehl bestäubtes Blech setzen. Goldbraun backen.
Erst wenn die Kokoshäufchen vollständig erkaltet sind, vom Blech lösen. Sonst zerreißen sie.

Backzeit: 10–15 Minuten
Backtemperatur: 190–200 °C
Anzahl: 70–80 Makronen

✧ *In einer Blechdose aufbewahrt, bleiben diese feinen Makronen außen knusprig und innen saftig.*

Schwalbennester

Teig:
125 g Butter, 125 g Zucker, 1 Ei,
1 Prise Salz, 1/2 Päckchen Vanillezucker,
1 TL abgeriebene Zitronenschale,
250 g Mehl, 1 EL Mehl

Füllung:
1/2 Glas Marmelade

Zum Verfeinern:
Zitronenguß aus: 75 g Puderzucker,
2 TL Zitronensaft, 3 TL heißes Wasser

Butter, Zucker und Ei gut verrühren. Gewürze zugeben und nach und nach das Mehl unterkneten. Zum Schluß alles verkneten. 125 g Teig abwiegen und unter ihn 1 EL Mehl etra kneten. Kurz kühl stellen. Dann ausrollen und runde Plätzchen (ca. 5 cm Durchmesser) ausstechen. Auf ein gut gefettetes, mit Mehl bestäubtes Blech setzen. Den übrigen, weichen Teig, der bis dahin bei Zimmertemperatur gelagert werden sollte, in einen Fleischwolf mit Zusatzgerät geben. Den beim Durchdrehen entstehenden Teigstrang als Kranz jeweils rings um ein ausgestochenes Plätzchen legen. In die Mitte reichlich Marmelade füllen. Backen. Die Kränze sollen leicht gebräunt aussehen. Noch heiß mit Zitronenguß bepinseln. Dafür den gesiebten Puderzucker mit Zitronensaft und Wasser verrühren, bis ein dünnflüssiger Guß entstanden ist. Die nur dünn damit überzogenen Plätzchen nochmals kurz in die heiße Röhre schieben, so bekommt die Glasur Glanz.

Backzeit: 15–20 Minuten
Backtemperatur: 200–220 °C
Anzahl: ca. 20 Plätzchen

✧ *Aromatische, knackige, bißfeste Plätzchen. Ein ganz altes, aber noch immer sehr beliebtes Rezept.*

Rosinenplätzchen

Teig:
125 g Butter, 65 g Zucker, 1 Ei, 1 Päckchen Vanillezucker, 1 Prise Salz,
1/2 TL Zimt, 1 TL Backpulver, 250 g Mehl,
50 g Korinthen oder Rosinen

Zum Verfeinern:
Puderzucker

Alle Zutaten untereinander mischen, das mit dem Backpulver vermischte Mehl einarbeiten und zum Schluß die Korinthen oder Rosinen zufügen. Den Teig kurz kühl stellen. Dann nicht zu dünn ausrollen und kleine runde Plätzchen ausstechen. Auf einem gut gefetteten, mit Mehl bestäubten Blech backen. Erkaltet mit Puderzucker bestreuen.

Backzeit: 10–12 Minuten
Backtemperatur: 200 °C
Anzahl: ca. 60 Stück

✧ *Ein sehr schmackhaftes, mürbes Gebäck. Es kann vor dem Backen auch noch mit verquirltem Eigelb bepinselt werden.*

Schneebälle

Teig:
125 g Margarine, 50 g Puderzucker,
1 Päckchen Vanillezucker,
1 TL abgeriebene Zitronenschale,
125 g Speisestärke, 50 g Mehl

Zum Verfeinern:
2 EL Puderzucker

Margarine, Puderzucker und Vanillezukker verrühren, Gewürze zugeben. Speisestärke und Mehl zufügen und alles kurz verkneten. Den Teig sofort zu Rollen formen und diese in dünne Scheiben schneiden. Aus den Scheiben etwa kirschgroße Kugeln formen, auf ein leicht gefettetes, mit Mehl bestäubtes Blech setzen und kalt stellen. Hellgelb backen. Noch warm in Puderzucker wälzen.

Backzeit: 15–20 Minuten
Backtemperatur: 190 °C
Anzahl: ca. 60 Kugeln

✧ *In der Gebäckdose aufbewahren.*

Bärentatzen

Teig:
125 g Margarine, 1 Eigelb,
65 g Puderzucker, 125 g Mehl,
1 EL Speisestärke, 1 TL Kakao,
50 g feingeriebene Mandeln,
1 Messerspitze Zimt,
1 TL abgeriebene Zitronenschale

Füllung:
Nougatcreme aus: 40 g Butter,
40 g Puderzucker,
80 g Blockschokolade oder
Vollmilch-Kuvertüre,
1 EL Weinbrand

Zum Verfeinern:
50 g Vollmilchschokolade

Margarine, Eigelb und Puderzucker geschmeidig rühren. Dann mit allen Zutaten zu einem cremigen Teig verrühren. Den in einen Spritzbeutel mit großer Sternentülle geben und Bärentatzen auf ein ungefettetes Blech spritzen. Dabei die Teigtupfer breit beginnen und durch schnelles Zurückziehen der Spritze schmal auslaufen lassen. Diese Plätzchen sind nur etwa 3 cm lang. 1 Stunde kühl stellen. Backen.
Nach dem Erkalten je zwei Bärentatzen an der Unterseite mit Nougatcreme füllen und zusammensetzen. Dafür Butter und Puderzucker cremig rühren, die im heißen Wasserbad zerlassene Schokolade gemeinsam mit dem Weinbrand unterrühren. Die fertigen Bärentatzen am schmalen Ende mit ebenfalls zerlassener Vollmilchschokolade überziehen.

Backzeit: 10–12 Minuten
Backtemperatur: 200 °C
Anzahl: 80 Plätzchen, ergibt 40 gefüllte

✧ *Bärentatzen gehören in die Gebäckdose!*

Sirupplätzchen

Teig:
125 g Sirup, 65 g Zucker,
65 g Schweinefett,
200 g Mehl,
1/2 TL Kardamom,
1/4 TL Nelken,
1 reichlichen TL Zimt,
1 EL Weinbrand, 10 g Pottasche,
50 g Mandeln, 50 g Zitronat

Zum Verfeinern:
100g Vollmilchkuvertüre

Sirup, Zucker und Schweinefett aufkochen und wieder abkühlen lassen. Mehl, Gewürze, die im Weinbrand aufgelöste Pottasche, die mit der Schale gemahlenen Mandeln und das nochmals zerkleinerte Zitronat zufügen. Verrühren und verkneten. Den Teig mindestens eine Woche ruhen lassen. Besser sind zwei bis vier Wochen. Nicht zu dünn ausrollen. Figuren ausstechen. Auf gut gefettetem, bemehltem Blech backen. Sofort vom Blech lösen. Sonst bricht das Gebäck. Erkaltet mit der im Wasserbad zerlassenen Kuvertüre bepinseln.
Weich werden lassen. Erst dann in die Gebäckdose. Dort werden sie dann immer besser.

Backzeit: 10–15 Minuten
Backtemperatur: 200 °C
Anzahl: 50–60 je nach Größe

✧ *Saftige, würzige Plätzchen! Ein sehr bewährtes Rezept.*

Kokosmohren

Teig:
200 g Zucker, 1 Päckchen Vanillezucker, 3 Eiweiß, 100 g Kokosraspeln, 1 TL Speisestärke

Zum Verfeinern:
50 g Halbbitter-Kuvertüre

Zucker, Vanillezucker und Eiweiß auf der Herdplatte unter ständigem Rühren vorsichtig erhitzen, die Kokosraspeln zugeben und weiter erhitzen, aber nicht zu lange und nicht kochen. Nach kurzem Abkühlen die Speisestärke unterrühren. Mit einem Teelöffel kleine Häufchen auf ein gut gefettetes und mit Mehl bestäubtes Blech setzen. 1 Stunde kühl stellen, dann backen. Erkaltet vom Blech lösen und zur Hälfte mit der im Wasserbad erhitzten Kuvertüre überziehen.

Backzeit: 20–25 Minuten
Backtemperatur: 150–180 °C
Anzahl: 50–60 Stück

✧ *Makronen sollen außen knusprig und innen saftig sein. Sie dürfen nicht zu lange backen. Unten müssen sie sich noch eindrücken lassen.*

Liebevoll gefertigtes Kleingebäck in erstaunlicher Formen- und Geschmacksvielfalt: Windmühlen, Husarenküsse, Sternchen, Briskeln …

Heidesand

Teig:
250 g Butter, 220 g Zucker, 2 Päckchen Vanillezucker, 2 EL Milch, 350 g Mehl

Zum Verfeinern:
1 Eigelb, 2 TL Milch,
3 EL grober oder Hagelzucker

Die Butter in einem Töpfchen unter Rühren braun werden lassen, dann in eine Schüssel gießen und kalt werden lassen. Zucker, Vanillezucker und Milch zufügen und alles so lange schlagen, bis die Masse weißcremig ist. Das Mehl erst am Schluß untermengen. Den Teig zu Rollen formen (etwa 3 cm Durchmesser). Die Rollen mit dem in Milch verschlagenen Eigelb bestreichen und in grobem Zucker wälzen. Über Nacht kühl stellen. Dann in dünne Scheiben (0,5 cm) schneiden und auf ungefettetem Blech goldgelb backen.

Backzeit: 10–15 Minuten
Backtemperatur: 190 °C
Anzahl: 80–90 Plätzchen

✧ *Dieses knusprige Buttergebäck bleibt in der Dose lange frisch.*

Anisplätzchen (Absatzplätzchen)

Teig:
2 Eier (120 g), 200 g Zucker,
1 Päckchen Vanillezucker,
1 TL Anispulver, 200 g Mehl

Die Eier allein kurz schaumig schlagen, dann mit Zucker und Vanillezucker dickcremig schlagen (ca. 5 Minuten). Das Anispulver gemeinsam mit dem Mehl der Eiweißmasse zufügen. Mit einem Schneebesen vorsichtig unterziehen. Den Teig in einen Spritzbeutel geben. Kleine Tupfer auf ein gefettetes, mit Mehl bestäubtes Blech spritzen. Oder mit zwei Teelöffeln kleine Teighäufchen formen und nicht zu dicht nebeneinander setzen.
Über Nacht im warmen Raum trocknen lassen. Backen. Die Plätzchen sollen während des Backens absetzen, das heißt sie bekommen Füßchen.

Backzeit: 10–15 Minuten
Backtemperatur: 160–170 °C
Anzahl: 100 Stück

✧ *Anisplätzchen brauchen Fingerspitzengefühl, sonst mißlingen sie leicht. Deshalb Mengen genau einhalten!*

Vanillekipfel

Teig:
100 g Butter, 50 g Zucker, 65 g Mandeln, 1 Eigelb, 125 g Mehl

Zum Verfeinern:
1 EL Puderzucker,
1 Päckchen Vanillezucker

Butter, Zucker und die nicht zu fein gemahlenen Mandeln mit dem Eigelb und der Hälfte des Mehls vermischen. Das restliche Mehl zugeben und verkneten. Rollen formen und kurz kühl stellen. Dünne Scheiben davon abschneiden, zu kleinen Hörnchen rollen und an den Seiten etwas halbmondförmig biegen. Auf ein gefettetes, mit Mehl bestäubtes Blech legen und nochmals 1 Stunde kühl stellen. Backen. Die Kipfel noch warm mit dem Zuckergemisch dick bestreuen. Erst wenn sie ausgekühlt sind, vom Blech nehmen.

Backzeit: 10–15 Minuten
Backtemperatur: 175–200 °C
Anzahl: 40–50 Stück

Zimtsterne

Teig:
2 Eiweiß, 1 Prise Salz,
150 g Zucker, 1½ TL Zimt,
½ TL abgeriebene Zitronenschale,
1 EL Zitronensaft,
125 g mit der Schale gemahlene Mandeln

Die Eiweiß mit Salz ganz steif schlagen. Dann den Zucker unterrühren, bis eine dicke cremige Masse entstanden ist. Ein Drittel der Schaummasse zur Seite stellen. In den Rest alle weiteren Zutaten geben und verrühren. Kurz durchkneten. Ist der Teig zu weich, einige Zeit kühl stellen. Auf nur ganz leicht bemehltem Brett nicht zu dünn ausrollen. Sterne ausstechen. Je einen Teelöffel Schaummasse auf einen Stern streichen. Die Sterne auf ein gefettetes, leicht mit Mehl bestäubtes Blech legen. Die Herdröhre auf 200 °C vorheizen, das Blech einschieben und sofort auf 160 °C zurückstellen. Backen. Weich werden lassen. Erst dann in der Gebäckdose aufbewahren.

Backzeit: 20–30 Minuten
Backtemperatur: auf 200 °C vorheizen; dann 160 °C
Anzahl: 30–35 Sterne

Haselnußplätzchen

Teig:
100 g ganz fein gemahlene Haselnüsse,
100 g Mehl,
100 g Butter, 100 g Zucker

Zum Verfeinern:
50 g weiße Kuvertüre

Die ganz fein gemahlenen Nüsse in einer trockenen Pfanne bei leichter Hitze etwas anrösten, dabei immer rühren. Abgekühlt mit den anderen Zutaten vermischen. Einen geschmeidigen Teig kneten und daraus Rollen von 3 cm Durchmesser formen. Im Kühlschrank über Nacht fest werden lassen. Dann in dünne Scheiben (etwa 3 mm) schneiden und auf ein gefettetes, mit Mehl bestäubtes Blech legen. Backen. Erkaltet eine Plätzchenhälfte mit der im Wasserbad zerlassenen Kuvertüre bestreichen.

Backzeit: 15–20 Minuten
Backtemperatur: 180 °C
Anzahl: ca. 60 Plätzchen

Briskeln (Schwarz-Weiß-Gebäck)

Teig:
125 g Puderzucker, 1 Päckchen Vanillezucker, 250 g Butter oder Margarine, 375 g Mehl, 2 EL Kakao

Puderzucker, Vanillezucker und die weiche Butter oder Margarine verrühren. Das Mehl allmählich unterkneten und den Teig teilen. Unter eine Hälfte Kakao kneten. Die verschiedenfarbigen Teige zu verschiedenen Mustern legen.
1. Hellen und dunklen Teig dünn zu zwei rechteckigen Platten ausrollen. Den hellen Teig auf den dunklen legen und beide Teigplatten zusammenrollen. Die Teigrolle von ca. 3 cm Durchmesser in grobem Zucker wenden. Kühl stellen. Später Scheiben davon abschneiden.
2. Eine helle und eine dunkle Teigrolle formen. Beide Rollen längs halbieren; dann immer eine helle und eine dunkle Hälfte aneinandersetzen und leicht andrücken. In grobem Zucker wenden, kühl stellen und davon Scheiben abschneiden.
3. Die beiden Teige kurz miteinander verkneten und zu einer Rolle formen. Das ergibt ein Marmormuster und empfiehlt sich vor allem für die Teigreste, die bei den ersten beiden Mustervarianten übrig bleiben. Auch diese Rolle in grobem Zucker wenden und kühl stellen. Später Scheiben davon schneiden.
Alle Plätzchenscheiben (ca. 3 mm dick) auf ein leicht gefettetes, mit Mehl bestäubtes Blech setzen und zartgelb backen.

Backzeit: 10–12 Minuten
Backtemperatur: 200 °C
Anzahl: für 3–4 Kuchenbleche

✧ *Briskeln sind ein feines Sandgebäck, das sich – richtig aufbewahrt – lange frisch und knusprig hält. Briskeln fehlen auf keiner Festtagstafel. Sie gehören zu den ältesten Plätzchenrezepten.*

S-Gebäck

Teig:
250 g Butter, 250 g Zucker,
2 Päckchen Vanillezucker, 2 Eier,
500 g Mehl

Zum Verfeinern:
100 g Halbbitter-Kuvertüre

Butter, Zucker, Vanillezucker und Eier gut verrühren. Dann nach und nach das Mehl zufügen, den Rest unterkneten. Den Teig in den Fleischwolf füllen und aus dem entstehenden Teigstreifen Kränze, »S« oder auch nur lange Striche formen. Auf ein gefettetes, mit Mehl bestäubtes Blech legen und über Nacht kühl stellen. Schön goldgelb backen. Dieses Gebäck darf nicht zu hell sein; erst durch die Röststoffe bekommt es seinen feinen Geschmack. Erkaltet an beiden Enden mit der zerlassenen Kuvertüre bestreichen.

Backzeit: 15–20 Minuten
Backtemperatur: 200 °C
Anzahl: 3–4 Bleche

Fastnachtsbäckerei

Pfannkuchen

__*Teig:*__
150 g Margarine,
125 g Zucker,
2 Eier, 2 Eigelb,
1 Messerspitze Salz,
1 Messerspitze Zimt,
abgeriebene Schale von ½ Zitrone,
¼ l Sahne oder Milch,
50 g Hefe, 600–650 g Mehl

__*Füllung:*__
1 Glas Marmelade

__*Zum Verfeinern:*__
150 g Zucker

__*Zum Backen:*__
Reichlich Fritierfett (Öl, Hartfett);
Fritiertopf oder elektrisches Fritiergerät

Die weiche Margarine fast cremig rühren. Zucker, Eier, Eigelb und Gewürze zufügen und weiter rühren. Die in lauwarmer Milch oder Sahne aufgelöste Hefe dazugeben und das Mehl unterrühren. Zum Schluß verkneten. Mit bemehlten Händen einen großen Kloß formen und an warmem Ort eine Stunde aufgehen lassen. Der Teig soll locker und weich sein. Den Teig nochmals zusammenstoßen, etwa 2 cm dick ausrollen und mit einem Glas (etwa 6 cm im Durchmesser) Pfannkuchen ausstechen. Diese zugedeckt nochmals 30–45 Minuten in der warmen Küche gehen lassen. Sie müssen ganz locker sein. Im heißen Fett etwa 5 Minuten braun backen. Noch heiß mit Marmelade füllen. Dafür die Marmelade in eine kleine Tortenspritze mit langer, schmaler Tülle geben und in die Mitte der Pfannkuchen spritzen. Dann in Zucker wälzen.

<u>Backzeit: 5 Minuten</u>
<u>Backtemperatur: ca. 100 °C</u>
<u>Anzahl: etwa 40 Stück</u>

✧ *Ein schnelles, aber sehr gutes Pfannkuchenrezept. Sie schmecken am 2. und 3. Tag noch genauso gut.*

Quarkspitzen

__*Teig:*__
4 Eier, 6 EL Zucker, 1 Prise Salz,
50 g Margarine,
abgeriebene Schale einer Zitrone,
500 g trockener Quark, ¼ l Milch,
500 g Mehl, 1 TL Natron

Zum Backen:
Reichlich Fritierfett (Öl, Hartfett);
Fritiertopf oder elektrisches Fritiergerät

Die Eier trennen. Die Eigelb mit Zucker, Salz, Margarine und Zitronenschale verrühren. Den trockenen Quark und die Milch zufügen. Allmählich Mehl und Natron einarbeiten. Zuletzt den steif geschlagenen Eischnee unterheben. Von dem weichen Teig mit einem Löffel kleine Portionen abstechen und in heißem Fett goldbraun backen.

Backzeit: 5 Minuten
Backtemperatur: mindestens 100 °C
Anzahl: ca. 50 Stück

✧ *Quarkspitzen sind seit jeher ein beliebtes, leckeres und vor allem schnell zubereitetes Backwerk.*

Spritzkuchen

Teig:
1/4 l Wasser, 1/4 l Milch,
1 TL Zucker, 150 g Margarine,
375 g Mehl,
8 mittelgroße Eier

Zum Verfeinern:
Rumglasur aus: 250 g Puderzucker,
4 EL Rum, 3 EL heißes Wasser

Zum Backen:
Reichlich Fritierfett (Öl, Hartfett);
Fritiertopf oder elektrisches Fritiergerät

Wasser, Milch, Zucker und Margarine in einen genügend großen Topf geben und aufkochen lassen. Vom Feuer nehmen und das gesiebte Mehl auf einmal hineinschütten. Wieder auf den Herd stellen und tüchtig mit dem Holzlöffel rühren, bis sich die Masse zusammenballt und auf dem Topfboden eine weißliche Schicht zu sehen ist. Vom Herd nehmen und sofort ein Ei flott unterrühren. So lange rühren, bis es vollständig in der Masse aufgegangen ist. Nun die übrigen Eier nach und nach einarbeiten. Am Schluß den Teig richtig durchkneten; er muß ganz glatt und glänzend aussehen. Den Teig in einen Spritzbeutel mit sehr großer Tülle geben und Kreise auf ein gefettetes Stück Pergamentpapier spritzen. Die Kreise in das heiße Fett gleiten lassen. In 10–15 Minuten die Spritzkuchen auf beiden Seiten goldbraun backen lassen.
Noch heiß mit der Rumglasur überziehen. Dafür den gesiebten Puderzucker mit Rum und heißem Wasser so lange rühren, bis ein nicht zu dicker Guß entstanden ist. Mit einem Teelöffel so auf das Gebäck geben, daß der Guß an den Seiten etwas herunterläuft. Diesen Guß am besten in zwei Portionen bereiten, er wird schnell hart.

Backzeit: 10–15 Minuten
Backtemperatur: ca. 100 °C
Anzahl: ca. 30 Stück

✧ *Spritzkuchen sind seit mehr als 60 Jahren in Thüringen zu Hause. Ohne sie ist die Fastnacht einfach nicht denkbar.*

Scharrkuchen

Teig:
250 g Mehl,
100 g Zucker, 1 Ei,
50 g Margarine,
2 EL Rum,
3 EL Milch,
1 TL Backpulver

Zum Verfeinern:
Puderzucker

Zum Backen:
Reichlich Fritierfett (Öl, Hartfett);
Fritiertopf oder elektrisches Fritiergerät

Das Mehl in eine Schüssel sieben und in die Mitte ein Vertiefung machen. Alle Zutaten dort hineingeben, vermischen und verkneten. Den Teig 2–3 mm dick ausrollen. Mit dem Kuchenrädchen oder einem scharfen Messer 10 cm breite und 4 cm lange Streifen schneiden. In die Mitte jedes Streifens einen 6–7 cm langen Schnitt machen und ein Ende des Streifens dort hindurch ziehen. Sofort ins heiße Fett geben und goldbraun backen lassen. Noch heiß in Puderzucker wenden und zusätzlich Puderzucker darübersieben.

Backzeit: ca. 5 Minuten
Backtemperatur: 100 °C
Anzahl: ca. 30 Stück

✧ *Knackig und mürbe sind die Scharrkuchen. Auch sie bleiben einige Tage haltbar.*

Tips und Tricks

✧ Alles zarte Gebäck wird grundsätzlich mit ganz feinem Weizenmehl, Type 405, gebacken.

✧ Als Margarine bitte feste Würfelmargarine verwenden. Die Backmargarine darf nicht so cremig sein wie für Brotaufstrich.

✧ Wird ein Teil der Buttermenge durch feste Würfelmargarine ersetzt und mitgeschlagen, so ergibt das eine besonders lockere und leichte Buttercreme.

✧ Damit die Buttercreme gut gelingt, müssen die geschlagene Butter oder das Butter-Margarine-Gemisch genau die gleiche Temperatur haben wie der Pudding, der nur löffelweise zuzufügen ist.

✧ Zu weiche Butter ergibt eine schmierige, unansehnliche Buttercreme. Am besten gelingt sie, wenn feste Butter in kleine Würfel geschnitten und dann geschlagen wird.

✧ Biskuitteig niemals mit kalten Kühlschrankeiern zubereiten. Die Eier vor der Teigbereitung in lauwarmem Wasser oder in der Herdröhre leicht anwärmen.

✧ Blätterteig nur mit kalten Zutaten – Butter bzw. Margarine bei Kühlschranktemperatur! – zubereiten. Dabei rasch und möglichst in einem kühlen Raum arbeiten.

✧ Brandteig (Windbeutel, Sahneschwäne) bäckt besonders hoch, wenn beim Einschieben des Bleches etwas heißes Wasser in die Röhre gespritzt wird (1/2 Tasse).

✧ Bei Mürbeteig nicht sofort die gesamte Mehlmenge verarbeiten. Zunächst etwa zwei Drittel des Mehls unterrühren; den Rest erst zum Schluß unterkneten. So läßt sich der Teig leichter zubereiten und wird auch geschmeidiger.

✧ Sollen die Blütenkörbchen oval sein (wie auf dem Foto), kann man die Förmchen etwas eindrücken. Sie lassen sich mühelos wieder in die runde Form zurückbiegen.

✧ Gespritztes Gebäck hält die Form besser, wenn es mit Margarine zubereitet wird. Allerdings fehlt dann der Buttergeschmack.

✧ Plätzchen, auch Blätter-, Nuß- und Mürbeteig, bleiben nur in der Gebäckdose für längere Zeit knusprig frisch. Makronenplätzchen, Pfefferkuchen und Honiggebäck sind am besten in der Speisekammer aufgehoben; sie dürfen erst nach einigen Tagen in die Dose.

✧ Sind Plätzchen in der Dose doch einmal hart geworden, dann ein Stück Apfel dazugeben. Sie ziehen Feuchtigkeit an und schmecken wieder. Das ist ein ganz alter Trick.

Alphabetisches Rezeptverzeichnis